감사가
내 인생의
답이다

감사가 내 인생의 답이다
ⓒ 생명의말씀사 2016

2016년 12월 30일 1판 1쇄 발행
2024년 7월 1일   11쇄 발행

펴낸이 | 김창영
펴낸곳 | 생명의말씀사

등록 | 1962. 1. 10. No.300-1962-1
주소 | 서울시 종로구 경희궁1길 6(03176)
전화 | 02)738-6555(본사) · 02)3159-7979(영업)
팩스 | 02)739-3824(본사) · 080-022-8585(영업)

지은이 | 전광

기획편집 | 유선영, 김현정
디자인 | 김혜진
인쇄 | 영진문원
제본 | 다온바인텍

ISBN 978-89-04-16578-0 (03230)

저작권자의 허락 없이 이 책의 일부 또는 전체를
무단 복제, 전재, 발췌하면 저작권법에 의해 처벌을 받습니다.

평생감사 전광 목사가 만난
감사의 사람들
감사가 축복의 그릇입니다

프롤로그

나는 나의 삶을 감사합니다

'평생감사'가 출판된 지 어느 덧 10년, 세월은 유수처럼 빨리도 흘렀습니다. 지난 10년의 시간을 뒤돌아보니 마치 꿈을 꾼 것만 같습니다. 아니 나로서는 감히 꿈꾸기도 힘든 그런 순간들의 연속이었습니다. 그 모든 일들은 '평생감사'가 세상에 나온 후부터 일어났습니다. 더 정확하게 말하면 1999년, 감사에 눈을 뜨고 감사 일기를 쓰기 시작 한 이후 이미 감사의 씨앗은 조용히 싹트고 있었는지도 모릅니다.

'평생감사'는 내 인생의 금언이고, 우리 가정의 가훈이 되었습니다.

"범사에 감사하라 이것이 그리스도 예수 안에서 너희를 향하신 하나님의 뜻이니라"(살전 5:18).

감사가 하나님의 뜻임을 알게 되었습니다.

날마다 '평생감사'를 붙잡고 외치며 눈으로 바라보고 마음으로 새기고, 감사 일기를 쓰면서, 내 삶은 감이 무르익듯 서서히 '감사 인생'으로 익어 갔습니다. 마치 골초가 담배를 달고 살듯, 나의 입술도 감사를 달고 살았습니다.

소소한 일상의 감사에 눈을 뜨면서 나의 삶은 달라졌습니다. 하루를 감사로 시작하고 감사로 마무리하며 감사가 넘치니 세상이 그렇게 눈부시게 보일 수 없었습니다.

그동안 다람쥐 쳇바퀴를 돌 듯 반복되던 지루한 일상은 거짓말처럼 다시 활기를 되찾았고 내 마음은 보물을 발견한 사람처럼 들뜨곤 했습니다. 나에게 감사는 행복을 찾아 준 열쇠였습니다.

나침반의 바늘이 아무리 흔들려도 결국은 북쪽을 가리키듯 어떤 환경이나 조건도 내 마음의 감사를 **빼앗지** 못했습니다. 그렇다고 항상 좋은 일만 있지는 않았습니다. 힘든 일을 만나도 그것이 나의 감사를 방해하지 못했습니다.

비록 인간적인 눈으로 바라볼 때는 불행이고, 슬픔이고, 아픔이고, 실패이고, 좌절이고, 절망이지만 감사의 눈으로 바라보니 합력하여 선을 이루시는 하나님을 보게 하는 감사의 조건들이었고 오히려 그것은 더 큰 축복의 도구로 다가왔습니다.

하루를 마무리하며 기록하는 감사 일기는 보물을 발견하는 시간들이었고, 15년 넘는 기간 동안 날마다 기록한 수만 가지의 감사는, 점점 더 감사의 지평을 넓히고 감사의 깊이를 더해 주었습니다. 나의 생활신조는 하루에 100번 이상 입술로 감사를 고백하는 것입니다.

- 두 손으로 일할 수 있음에 감사합니다.

- 두 발로 걸을 수 있음에 감사합니다.
- 두 눈으로 볼 수 있음에 감사합니다.
- 두 귀로 들을 수 있음에 감사합니다.
- 온 몸과 마음으로 느낄 수 있음에 감사합니다.
- 편안하게 숨 쉴 수 있고, 물 마실 수 있음에 감사합니다.
- 걸음마다 감사하고, 씹을 때마다 감사합니다.
- 하루 세끼 거르지 않고 먹을 수 있음에 감사합니다.
- 만나는 사람마다 감사하고, 하는 일들마다 감사합니다.
- 구하지 않았지만 주신 것 감사합니다.
- 구했지만 주시지 않은 것도 감사합니다.
- 그 모든 것 속에 주님의 깊은 뜻 담겼음을 알기에 감사합니다.
- 사람들과 소통할 수 있는 스마트폰을 주셔서 감사합니다.
- 가고 싶은 곳 어디든지 갈 수 있는 승용차를 주셔서 감사합니다.
- 글 쓰기 작업을 할 수 있는 컴퓨터를 주셔서 감사합니다.
- 가까운 곳들을 둘러 볼 수 있는 자전거를 주셔서 감사합니다.
- 조용한 시골 한탄강변에 감사글방을 주셔서 감사합니다.
- 다양한 읽을거리 책들을 주셔서 감사합니다.
- 언제든지 만날 수 있는 친구를 주셔서 감사합니다.
- 시골에서 부모님과 함께 할 수 있는 시간들을 주셔서 감사합니다.
- 무엇보다 사랑하는 아내와 자녀들을 주셔서 감사합니다.
- 큰 욕심 부리지 않고 작은 것에 감사하는 마음 주셨으니 순간순

간 감사하고, 평생 감사합니다.

　결국 감사는 주어진 조건이 아니라 다른 관점으로 해석해서 만들어 가는 것이고, 행복은 소유의 크기가 아니라 감사의 크기이고, 부족하여도 감사를 잉태한 자는 감사를 낳고, 풍족하여도 불평을 잉태한 자는 불평을 낳는다는 깨달음도 주셨습니다.
　깨닫고 나면 감사 아닌 것이 없습니다. 철들고 나면 모든 것이 감사입니다. 그래서 우리 모두는 깨달은 만큼만 감사합니다.

　많은 사람들은 평범한 일상의 소중함을 잊고 살아갑니다. 살아 숨 쉬는 것, 물 마시는 것, 직장 생활하는 것, 걷는 것, 자녀들이 건강하게 생활하는 것, 따뜻한 집에서 편히 사는 것, 자연을 즐기는 것……. 누리는 모든 축복들을 너무도 당연하게 생각합니다. 좋다는 생각은 하면서도 감사하다는 표현에는 인색합니다. 나도 그랬습니다. 우리는 어떤 것을 잃고 나서야 그것의 소중함을 깨닫습니다. 나 또한 어리석게도 어려움을 겪고 나서야 일상의 소중함을 깨닫게 되었고 작은 감사에 눈 뜨게 되었습니다.
　아이들이 학교를 가고, 아내가 가정을 돌보고, 나 자신이 목회를 하고 글을 쓰는 평범한 일들을 지극히 당연한 것으로 여겼습니다. 그렇지만 그 모든 것은 당연한 일들이 아니었습니다. 하나님의 은혜였고, 지극히 감사할 조건들이었습니다. 잃고 나서 깨달은 뒷북 감사였습니다. 큰 것을 잃고 나서, 큰 사고를 당하고 나서야 평범한 일상의 소중함을 깨달았습니다.

지혜로운 사람은 잃고 나서 후회하는 사람이 아니라 미리 감사하는 사람임을 알게 되었습니다. 감사하지 못했을 때를 되돌아보면 그때는 행복하지 못했습니다. 아니 마이너스 인생이었습니다. 열심히 살았고, 나름대로 최선의 노력을 다했음에도 불구하고 항상 삶은 불안했고 여유 없는 인생이었습니다. 그렇지만 감사를 붙들고 살면서 나는 인생의 사는 맛을 느꼈고, 이전보다 삶의 기쁨과 만족도도 높아졌습니다. 적어도 매튜 헨리의 말은 나에게는 진리였습니다.

"감사는 더하기(+)와 같아서 모든 것에 감사하면 거기에는 하나님의 축복이 더해진다. 어떤 일이든지, 어디에서든지 감사하면 플러스의 축복이 찾아온다. 그러나 반대로 원망과 불평은 빼기(-)와 같아서 있는 것까지 빼앗기고 없어진다."

감사는 나에게 축복을 받는 그릇이었습니다. 하나를 감사할 때 하나님은 두 개의 감사거리를 주셨습니다. 가시를 감사할 때 장미꽃도 감사하게 해 주셨습니다. 제로(0)를 감사할 때 셀 수 없는 은혜들로 채워 주셨습니다.

『평생감사』 책이 세상에 나오고 그동안 받은 축복들을 헤아리니 가슴이 벅차오릅니다. 비록 작은 감사였고, 지극히 부족한 감사였음에도 불구하고 하나님께서는 너무 큰 것으로 채워 주셨습니다. 나의 보잘것없는 부끄러운 감사를 하나님께서는 외면하지 아니하시고 기뻐하셨고 작은 감사를 사용하셔서 풍성한 감사의 열매들이 맺히도록 해 주셨습니다. 작은 열매들이지만 독자들과 나눌 수 있다는 것이 얼마나 큰 축복이고 감사인지요.

그간 받은 감사의 열매들을 헤아려 보니 세 가지로 정리할 수 있었습니다.

첫째는, 설교와 강연으로 쓰임받도록 해 주셨습니다. 지난 다이어리를 펼쳐 보면서 어떻게 그 많은 교회들과 성도들을 섬길 수 있었는지 참으로 믿어지지 않습니다. 다이어리에 기록된 교회들은 두렵고 떨리는 마음으로 섬겼던 내 삶의 발자취들입니다.

대형 교회는 물론이고 시골의 작은 교회들, 심지어는 섬마을까지, 대기업은 물론 중소기업, 대학을 포함해서 초중고등학교, 심지어 유치원생들이 모이는 곳까지 감사가 필요한 곳은 어디든지 달려갔습니다. 어눌한 말로 전했지만 놀랄 만큼 큰 기적을 경험한 순간들을 기억하기에 하나님께 감사를 드립니다.

둘째는, 많은 감사의 사람들을 만나게 되었고, 다양한 계층의 사람들과 친분을 쌓고 교류할 수 있는 특권을 누렸습니다. 감사 사역을 하며 종교교회 최이우 목사님을 만나게 되었는데 최 목사님은 감사 사역을 위해 물심양면의 지원을 아끼지 않으셨습니다. 덕분에 '평생감사 사역원'이 문을 열었으며 지금까지 지속적으로 감사 사역을 펼치게 되었습니다. 그 외에도 감사 마을을 운영하는 이기재 목사님, 기업과 교회, 학교와 병원에 감사 운동을 펼치는 황성주 박사님, 1만권 이상의 『평생감사』 책과 감사 노트를 구입하고 전교인 감사 운동을 펼친 오륜교회 김은호 목사님, 감사 나눔 신문을 만들고 전국적으로 감사 나눔 운동을 힘 있게 펼치는 김용환 장로님, 감사 책을 개인적으로 가장 많이 구입한 안미진 집사님, 뉴질랜드에서 자신의 인생이 바뀌었다고 감사 글방까지 매년 찾아오는 김은수 권사님, 감사 사역을 하다 친구가 된 서종식 목사님, 평생감사 홈페이지를 운영하는 홍일권 목사님, 그 외에도 일일이 다 기록할 수 없는 수많은 감사의 사람들을 떠올리면 가슴이 벅차오르는 감동을 느낍니다. 모든 분들께 진심으로 감사드립니다.

셋째는, 메일을 통해 세계에 흩어져 있는 독자들과 감사를 나누었습니다. 국내는 물론 미국, 일본, 캐나다, 영국 등 30개국 이상의 나라에서 『평생감사』를 읽고 자신들의 진솔한 감사 이야기들을 보내 주셨습니다. 책 한 권이 넘는 분량의 메일을 정리하면서 그동안 독자들로부터 얼마나 큰 사랑과 관심을 받았는지 새삼 느꼈고, 투박한 글임에도 공감하고 반응하는 독자들을 접할 때마다 신기하고 때론 놀라기도 했습니다.

보내 주신 메일을 읽으며 가슴 벅찬 희열과 감동을 맛보았으며 글 쓰는 이로서 보람도 느꼈고, 반대로 가슴이 아리는 아픔으로 밤잠을 설친 날도 참 많았습니다.

그동안 글로 독자들을 섬길 수 있어 감사했고, 직접 교인들을 목양하지는 못했지만 메일을 주고받으면서 작은 목회를 경험할 수 있어 행복했습니다.

글 속에 실린 열아홉 '감사의 사람들'은 평생감사 사역을 하며 직간접적으로 만나 알게 된 감사의 사람들로, 감사를 발견하고 인생의 커다란 변화를 경험한 사람들입니다. 감사로 '삶의 비밀'을 발견하고, 감사로 하나님의 두 번째 은총을 받고 사는 사람들임에 틀림없습니다.

슈바이처 역시 감사를 '삶의 비밀'이라고 했습니다.

"인생에서 가장 멋진 일은 모든 일에 감사하는 것이다. 이를 터득한 사람은 삶의 의미를 아는 사람이다. 이런 사람은 삶의 신비를 모두 꿰뚫고 있다. 삶의 신비란 모든 것에 감사하는 것이다."

'삶의 비밀'을 발견한 사람들의 고백을 통해 여러분도 행복한 인생, 기쁨이 넘치는 인생의 답을 찾는 기회가 되었으면 하는 바람입니다. 숨겨진 인생의 비밀, 인생의 나침반, 행복의 열쇠는 감사입니다. 한 사람이라도 더 감사의 비밀을 발견할 수 있다면 저자로서 그것보다 더한 기쁨과 보람은 없을 것입니다. 감사가 내 인생의 답입니다. 그것이 바로 하나님의 뜻입니다.

차례

4   **프롤로그** _ 나는 나의 삶을 감사합니다

PART. 1
고난 속에서 발견한 희망, 감사

16   01 고통의 불길 속에서 피어난 감사 _이태규
24   02 "조금 더 자르지 않아 감사하지, 엄마?"_이지선
34   03 "쓰레기통의 밥이라도 먹을 수 있으니 감사합니다."_류태영
44   04 감사는 역경 속에서 피는 꽃 _이은호
56   05 감사는 훈련입니다 _김용환

PART. 2
감사가 가져온 행복

70   06 '100감사'의 비밀 _안남웅
84   07 '싸가지'에서 '퍼스트레이디'로 _유지미
98   08 희망 잃은 청년들에게 전하는 최고의 선물, 감사 _이의용
108 09 감사편지가 맺어준 결혼 _조창석
118 10 감사는 가장 현명한 선택 _한건수

PART. 3
감사에 숨겨진 놀라운 비밀

- **130** 11 강대상에 오른 감사 일기 _이권희
- **142** 12 감사의 소리에 눈 뜨다 _이영국
- **150** 13 현미경으로 들여다 본 감사 _제갈정웅
- **160** 14 살아 숨 쉬는 것만으로도 _황성주
- **174** 15 '하나님의 은혜'를 통해 경험하는 감사 _최이우

PART. 4
감사를 통한 아름다운 마무리

- **188** 16 특별한 감사패 _윤인찬
- **194** 17 상대에게 잘 밟혀 주는 것이 진정한 감사 _이기재
- **208** 18 감사를 표현하라 _서종식
- **218** 19 감사의 수소폭탄 _손양원

- **229** 독자와 나눈 감사 이야기
- **244** 여러분께 감사합니다

THANKS
감사가 내 인생의 답이다

PART. 01

고난 속에서
발견한 희망, 감사

CHAPTER. 01

―

고통의 불길 속에서 피어난 감사

―

이태규

살면서 우리에게 다가오는 고통은 쉽게 판단할 수 없는 문제입니다. 성경에 나오는 욥처럼 '하나님은 왜 선한 사람에게 고통을 허락하시는가?'란 질문은 그 안에 복잡한 신학적 질문들을 내포하고 있습니다. 그래서 어떤 사람에게 닥친 불행을 단순히 '대가'라든가 '벌'로 규정하는 것은 결코 옳지 않습니다.

그렇다면 하나님은 왜 우리에게 고통을 허락하시는 걸까요? 단순한 시험일까요? 그 깊은 의미를 다 이해할 수는 없지만, 하나 확실한 건 우리가 그것을 어떻게 이해하고 받아들이느냐에 따라 결과는 판이하게 달라진다는 것입니다. 이제 소개하려는 이태규 목사(하늘누림교회)의 경우가 그렇습니다.

이 목사는 눈에 넣어도 아프지 않을 귀여운 막내딸을 병으로 잃었습니다. 부모로서 자식이 눈앞에서 죽어 가는 모습을 지켜보는 것은 겪어 보지 않은 사람은 감히 상상하기 어려운 고통입니다. 그럼에도 불구하고 이 목사는 그 과정에서 하나님의 위로와 감사를 발견했습니다. 가장 극한의 고통 속에서 오히려 '감사'를 발견한 겁니다. 이 역설을 어떻게 설명할 수 있을까요? 이야기의 생생한 전달을 위해 이 목사가 직접 쓴 간증을 요약해 소개합니다.

슬픈 내려놓음

병원에서 급하게 전화가 왔습니다. 심장 수술과 위 수술 이후 패혈증 치료를 받던 라빈이가 갑자기 상태가 악화돼 더 이상 손을 쓰기 어렵다는 내용이었습니다. 정신이 멍해지면서 눈앞이 흐려졌습니다. 라빈이의 맑고 투명한 눈망울을 이제 더 이상 볼 수 없게 된다는 사실이 믿기지 않았습니다. 아내가 흐느끼며 마지막으로 라빈이에게 입힐 가장 예쁜 옷을 골랐습니다.

라빈이는 저의 네 아이 중 막내입니다. 태어날 때부터 '복합심기형'이라는 질병을 갖고 있어서 엄마 배 속에서 나오자마자 바로 수술실로 들어가 계속되는 고통과 싸우고 또 싸웠습니다. 교인들과 여러 사람들에게 중보 기도 요청을 하고 반 년 여 동안 여섯 차례의 어려운 수술을 받으며 고비를 넘기고 또 넘겼습니다. 그러다 갑자기 이런 연락을 받은 것입니다.

지금껏 아슬아슬하게 병마와 싸워 오던 라빈이를 하나님은 왜 갑자기 황급하게 데려가시는 걸까요? 결국 이렇게 데려가실 거라면 왜 태어나게 하셨을까요? 수많은 의문과 고통으로 가슴이 터질 것만 같았습니다. 비록 하나님의 뜻을 제대로 이해할 수는 없었지만 하나님의 결정을 순종하고 신뢰하는 마음으로 받아들였습니다. 그러나 그것은 어쩔 수 없는 순종이었고 너무도 슬픈 내려놓음이었습니다.

서울 아산병원으로 향하며 간절히 기도했습니다.

"주님, 저와 제 아내에게 딸의 죽음을 감당할 수 있는 믿음을 주옵소서. 이 아픔을 이길 수 있는 용기를 주옵소서……."

그런데 그 순간 저와 제 아내의 눈에 놀라운 광경이 펼쳐졌습니다. 노을 지는 태양 앞으로 구름이 이동을 하면서 순간적으로 거대한 십자가의 형상이 만들어졌습니다. 그리고 동시에 차 안에 틀어 놓은 카세트테이프에서 찬양이 흘러나왔습니다. 그 찬양은 '십자가'에 대한 노래였습니다.

나의 길 오직 그가 아시나니 나를 단련하신 후에
내가 정금같이 나아오리라
십자가 십자가 그 그늘 아래 내 소망이 있네
십자가 십자가 그 그늘 아래 내 생명이 있네

그것은 분명히 약속이었습니다. 십자가에 달리신 예수님의 죽음이 결코 헛된 것이 아니었던 것처럼 우리 라빈이의 죽음도 결코 헛된 것이 아니라는 주님의 약속이었습니다. 그 순간 우리 부부는 위로하시는 하나님 앞에서 '감사'가 터져 나왔습니다. 우리는 하나님의 그 약속을 붙들고 흘러나오는 찬양을 따라 불렀습니다.

주님의 품에 안겨

소아 중환자실에 도착한 우리는 죽어 가는 라빈이를 품에 안았습니다. 그리고 숨을 죽여 가며 울었습니다. 지금까지 제대로 엄마 품에 안겨 보지도 못했던 우리 아기……, 마음껏 엄마 젖도 빨아 보지 못했던 우리 아기……, 온몸이 온통 칼자국과 바늘 자국 투성인 우리 아기…….

라빈이는 그렇게 엄마 품에 안긴 채 숨을 거두었습니다. 하지만 우리는 그 순간 믿음의 눈을 통해 예수님이 어린 라빈이의 영혼을 두 팔과 가슴으로 품으시는 것을 보았습니다. 딸을 품에 안은 아내의 눈에서는 하염없이 눈물이 쏟아졌지만 입가에는 옅은 감사의 미소가 흐르고 있었습니다.

"범사에 감사하라 이것이 그리스도 예수 안에서 너희를 향하신 하나님의 뜻이니라"(살전 5:18).

싸늘하게 식은 라빈이의 작은 몸뚱이를 안고 집으로 향했습니다. 담담하게 라빈이를 안고 있는 아내에게 물었습니다.
"여보, 괜찮아요?"
"괜찮아요. 살아도 내 자식이고 죽어도 내 자식인데……."
아내의 말을 들으며 큰 교훈을 얻었습니다. 바로 믿음이란 '생(生)과사(死)를 초월하는 것'이란 사실입니다. 나는 운전을 하며 한 손으로 라빈이의 부드러운 볼을 어루만졌습니다. 차갑지만 따뜻했습니다.

　교인들과 함께 장례식을 치르며 흘러나오는 눈물을 참고 또 참았습니다. 목사는 어쩔 수 없는 모양입니다. 비록 딸의 죽음 앞이라 할지라도 약해져 흔들리는 모습을 성도들에게 보여 주기 싫었습니다. 한 번 눈물이 터지면 도저히 걷잡을 수 없을 것 같았습니다. 그래서 이를 악물고 참았습니다.
　그렇게 라빈이의 장례식을 치르고 주민센터에 가서 사망 신고를 했습니다. 행정 처리는 냉혹할 만큼 바로 끝났습니다. 그렇게 간단한 절차로 주민등록등본에서 라빈이가 삭제되는 것을 지켜보며 그동안 꾹꾹 눌러 참았던 눈물이 다시 터져 나오려 했습니다. 뒤돌아서 주민센터의 커다란 유리문을 밀고 나오는데 갑자기 비가 쏟아지기 시작했습니다.
　자동차 속으로 뛰어 들어가 기다리고 있던 아내와 함께 울었습니다. 빗방울이 이윽고 굵은 소나기로 바뀌었습니다. 하나님이 우리 부부를 위로하시며 함께 울어 주는 것만 같았습니다. 하나님도 울고 나도 울고 아내도 울었습니다. 우리 부부는 그렇게 하나님의 품에 안겨서 통곡하며 울었습니다.
　'태규야, 차선아, 자식을 잃은 너희 그 슬픔, 그 아픔, 나도 안다……, 나도 안다…….'

그때 비로소 알았습니다. 견딜 수 없는 슬픔의 파도 속에도 하나님의 위로는 함께하신다는 사실을, 고통으로 통곡하면서도 우리는 감사할 수 있다는 사실을, 시련 속에서 오히려 더 굳건한 감사의 씨앗이 뿌려질 수 있다는 사실을, 참다운 감사는 지독한 고통의 불길 속에서도 피어오른다는 사실을!

"찬송하리로다 그는 우리 주 예수 그리스도의 하나님이시요 자비의 아버지시요 모든 위로의 하나님이시며"(고후 1:3).

시련이 아무리 크다 할지라도
구원받은 모든 죄인들은
감사할 이유를 언제나 발견할 수 있다.
_ 빌립 E. 하워드

CHAPTER. 02

—

"조금 더 자르지 않아
감사하지, 엄마?"

—

이 지 선

　이지선 씨는 지난 2003년 『지선아 사랑해』란 책으로 많이 알려졌습니다. 대학교 4학년이던 2000년 7월 오빠의 차로 귀가하던 중 음주운전자가 낸 7중 추돌 사고로 큰 부상을 입었습니다. 그녀가 탄 차가 폭발했고 화염 속에서 정신을 잃은 그녀를 오빠가 끄집어냈습니다. 온몸의 절반 이상이 3도의 중화상을 입었고 의료진도 치료를 포기할 정도였습니다.

　하지만 그녀는 7개월간의 입원과 30번이 넘는 고통스런 수술을 이겨내고 결국 살아났습니다. 그때의 경험과 죽음의 문턱에서 발견한 희망의 근거를 기록한 책이 『지선아 사랑해』입니다. 2013년 9월에는 '힐링캠프'라는 TV프로그램에 출연해 시청자들에게 그야말로 엄청난 감동을 선사했습니다.

　『지선아 사랑해』란 책과 '힐링캠프'를 통해 전해 준 많은 이야기 가운데 사람들에게 깊은 감동을 주었던 내용은 바로 '감사'였습니다. 어떤 의미에서 그녀의 감사는 우리의 감사와는 조금 다릅니다. 그녀는 바로 코앞에서 죽음을 보고 있었고 말로 표현할 수 없는 극심한 육체의 고통 속에서 말 그대로 살기 위한 '생존 감사'를 했습니다. 동일한 '감사'

라는 단어로 표현되지만 그 단어가 놓인 맥락이, 그 말이 지니고 있는 의미의 하중이 많이 다릅니다.

하지만 그런 혹독한 과정을 통해 얻어낸 감사의 결론은 같습니다. 우리가 너무 익숙해서 미처 깨닫지 못했던, 너무 당연해서 전혀 감사할 줄 몰랐던 바로 이 평범한 일상이 얼마나 소중하고 귀한 것인지를 아는 것입니다. 세수할 수 있음에 감사, 밥 먹을 수 있음에 감사, 그저 숨 쉴 수 있음에 감사, 바로 지금 이 순간 살아 있음에 감사, 바로 이것입니다.

이지선 씨는 이런 감사를 통해 코와 이마와 볼에서 새살이 돋아나는 기적을 경험했고 죽음의 문턱에서 다시 살 수 있는 희망의 근거를 발견했습니다. 그것이 이지선 씨의 이야기가 수많은 사람들의 마음을 울렸던 감동의 비밀입니다.

사는 게 더 힘든 시간들

이지선 씨의 이야기는 워낙 많이 알려져 있어서 그 이야기를 다시 소개할 필요는 없을 것 같습니다. 다만, 그녀의 감사 내용을 되짚어 보기 위해 일부만 축약해서 소개하면 이렇습니다.

이지선 씨는 꾸미는 걸 좋아했던 평범한 여대생이었습니다. 하지만 교통사고를 당했고 전신 55퍼센트에 3도의 중화상을 입었습니다. 흔히 인간이 느끼는 고통 중에 가장 힘든 것이 화상으로 인한 고통이라고 합니다. 이지선 씨의 표현에 의하면, 말 그대로 "사는 게 더 힘들었다"고 합니다.

화상으로 몸의 피부가 녹아내리면서 피부 아래 있던 단백질과 수분이 빠져나갔고 시간이 흐를수록 피부가 줄어들었습니다. 감기지 않는 눈 때문에 24시간을 뜬눈으로 지내야 했고 너무 무섭고 아파서 잠을 잘 수 없었다고 합니다. 고개를 흔들거나 눈을 깜박이지도 못해서 얼굴에 벌레가 앉아 있어도 그대로 견뎌야 했습니다.

매일 반복되는 피부 소독은 표현할 수 없을 만큼 고통스러웠고 아무리 강한 진통제를 맞아도 고통은 전혀 줄어들지 않았습니다. 그리고 그런 극심한 고통 뒤에는 죽음의 공포가 찾아왔습니다. 이것이 당시 20대 초반의 젊은 여대생이었던 이지선 씨가 매일매일 경험해야 하는 병원에서의 시간들이었습니다.

"양손 절단 동의서 다 쓰셨죠?"

하지만 그런 이지선 씨에게는 어머니가 있었습니다. 이지선 씨의 어머니는 참혹한 딸의 현실 앞에서 그저 주저앉아 울고 있을 수만은 없었습니다. 강해지는 것만이 딸을 살리는 길이었습니다. 사고 2주 후,

붕대를 풀고 처음 자신의 몸을 본 이지선 씨의 눈은 다리 쪽 화상 입은 부위에 멈췄습니다. 거기에는 살색 피부가 없이 그저 흐늘흐늘한, 노란 지방 덩어리와 그 사이로 드러난 허연 뼈가 있었습니다.

'못 살겠구나……, 아무리 살려고 발버둥 쳐도 못 살겠구나…….'

이지선 씨는 병상 옆에서 식사 수발을 하려고 서 있는 어머니에게 말합니다.

"엄마, 상처를 봤는데 살 수 없을 것 같아……. 마음의 준비를 하는 게 좋을 것 같아."

그런데 그 순간 이지선 씨의 어머니는 말합니다. 조금도 흔들리지 않는 눈빛으로 밥숟가락을 떠서 딸의 입으로 가져가며 "이 밥이 지선이의 살이 되고 가죽이 되게 해 주세요. 피부가 되게 해 주세요……." 이지선 씨는 나중에 당시를 회상하며 이렇게 말합니다.

"그 밥을 어떻게 안 받아 먹어요……."

그런 이지선 씨 모녀에게 병원에서 손가락 절단 수술을 권합니다. 뼈까지 녹아 도저히 살릴 수 없었기 때문입니다. 그저 손가락을 약간만 절단하면 되는 줄 알고 있었던 이지선 씨가 수술 직전 간호사로부터 들은 이야기는 이것이었습니다.

"양손 절단 동의서 다 쓰셨죠?"

그럼에도 불구하고 이지선 씨가 수술실로 들어가며 어머니에게 한 이야기는 이것입니다.

"엄마, 더 많이 자르지 않아서 감사하지?"

살기 위한 첫걸음

이런 변화는 어디서 온 걸까요? 이지선 씨는 엄지를 제외하고는 양손의 손가락을 전부 한 마디씩 절단했습니다. 노란 지방 덩어리와 흰 뼈로만 남은 다리를 보며 '아무리 살려고 발버둥 쳐도 살 수 없겠구나……'라고 생각했던 그녀인데 어떻게 "엄마, 더 많이 자르지 않아서 감사하지?"라고 말하게 된 걸까요?

이지선 씨는 살기 위한 첫걸음으로 '감사'를 택했습니다. 이지선 씨는 사고 이후 자신의 삶에서 가장 중요한 순간을 '살아야겠다고 마음먹고 태도를 바꾼 것'이라고 말합니다. 그 바뀐 태도가 바로 '감사'입니다.

"매일 하루 한 가지씩 감사한 것을 찾자고 생각했다. 짧아진 손가락이지만 내 힘으로 숟가락질 할 수 있었던 날, 엄지손가락으로 환자복 단추를 채울 수 있었던 날, 계단을 오르락내리락 할 수 있었던 날, 문고리를 잡고 문을 열 수 있게 된 날, 그렇게 매일매일 감사했다. 감사할 것이 없는 날에는 내 몸 가운데 유일하게 씻을 수 있었던 곳인 발, 그 발을 씻을 수 있음에 감사, 목소리를 들을 수 있어서 감사, 그렇게 습관처럼 하루에 한 가지씩 감사할 것을 찾으며 버텼다."

이지선 씨는 그런 감사를 통해 비로소 희망을 꿈꾸게 되었습니다. 도저히 희망을 이야기할 수 없는 절망적인 상황이었지만 감사의 눈으로 자신을 바라보니 전에는 전혀 볼 수 없었던 것들이 눈에 들어오고 전혀 생각할 수 없었던 것들을 생각하게 되었습니다. 너무 당연해서 그것의 존재 가치를 전혀 느끼지 못했던 것들이 얼마나 소중한 것인지를 깨닫게 되었습니다.

"손가락 한 마디 한 마디가 얼마나 소중한지, 손톱 하나하나가 얼마나 유용한지 알게 되었다. 속눈썹이 없어지고 나니 이마에서 땀이 나면 그것이 그대로 눈으로 들어갔다. 그래서 눈썹 하나도 다 있어야 할 이유가 있었음을 알게 되었다.

귓바퀴가 작아지니 머리 감을 때 귀에 물이 들어가고, 손마디 사이에 주름이 없으니 손가락을 구부리기조차 힘들어졌다. 사고 전에는 몰랐던 작은 것 하나하나의 소중함을 깨닫고 매일매일 감사하게 되었다."

감사는 습관

이지선 씨는 매일 감사할 거리를 찾았습니다. 하루 종일 '오늘은 어떤 걸 감사할까?' 생각했습니다.

몇 달을 침대에 누워 있다가 처음으로 일어나 몇 걸음을 걷게 되어 감사, 그 다음에는 또 몇 걸음을 더 걸어서 스스로 화장실을 갈 수 있게 되어서 감사, 환자복의 단추를 하나 채우는데 몇 분씩 걸리지만 그래도 자신의 손으로 단추를 채울 수 있게 되어서 감사……. 그렇게 쉬지 않고 감사했습니다.

"어떻게 보면 말도 안 되는 감사인데 자꾸 하다 보니 힘이 되었다. 자꾸 입술로 감사하다, 감사하다, 말하다 보니 '맞아, 오늘은 그래도 작은 변화가 있었어!' 하는 생각이 들었다.
그래서 '내일이면 또 다른 감사거리들이 나의 내일에 있겠구나' 그런 희망이 생기기 시작했다."

도저히 더는 살 수 없다고 생각한 절망의 순간, 모든 것을 다 놓고 그대로 주저앉고 싶었던 그 순간에 이지선 씨는 감사를 통해 희망을 찾았습니다. 감사할 수 있어서 감사했던 것이 아니라 말 그대로 감사하기 위해 안간힘을 쓰며 감사함으로써 비로소 감사할 수 있게 되었습니다.
감사의 '감'자도 나오지 않는 상황 속에서 억지로, 그저 입으로만 하는 감사일지언정 감사함으로써 내일의 희망을 발견했습니다.

이지선 씨는 현재 미국 컬럼비아대학 사회복지학 석사 과정을 마치고 UCLA 사회복지학 박사 학위까지 마쳤습니다. 그리고 많은 단체의 희망 홍보 대사로, 작가로 활발한 활동을 펼치고 있습니다. 2007년에는 '세상을 밝게 만든 100인'으로 선정되었고 2010년에는 '제8회 한국 여성지도자상 젊은 지도자상'을 받기도 했습니다.

많은 인터뷰에서 이지선 씨는 기자들에게 이런 질문을 받았습니다.
"만약 할 수 있다면 사고 이전으로 돌아가고 싶지 않습니까?"
이지선 씨의 대답은 이랬습니다.
"아니요, 결코 이전으로 되돌아가고 싶지 않습니다. 지금 이대로 충분히 행복합니다."
이지선 씨가 발견한 진정한 행복, 그 뿌리는 바로 '감사'였습니다.

다른 공부보다
먼저 감사할 줄 아는 방법부터 배우라.
감사의 기술을 배울 때
그대는 비로소 행복해 진다.
_ 깁슨

CHAPTER. 03

—

"쓰레기통의 밥이라도
먹을 수 있으니 감사합니다."

—

류태영

　머슴의 아들로 태어나 쓰레기통에 버려진 밥을 주워 먹을 정도로 가난했던 사람, 하지만 결코 자신의 꿈과 감사의 끈을 놓지 않았던 사람, 그렇게 해서 마치 기적처럼 덴마크와 이스라엘로 유학을 가고 이스라엘 벤구리온대학 최초의 한국인 교수, 건국대 부총장, 그리고 현재는 '농촌·청소년 미래재단' 이사장으로 장학 사업을 펼치고 있는 사람이 있습니다. 바로 류태영 박사입니다. 오늘의 그가 있기까지 그의 힘이 되어 준 것은 신앙과 긍정적 태도, 그리고 감사였습니다.

지독한 가난

　류태영 박사의 고향은 전라북도 임실의 깊은 산골입니다. 머슴의 아들로 태어나 소나무 껍질, 칡뿌리, 도토리로 허기를 달래야 하는 지독한 가난을 대물림 받았습니다.
　어린 시절의 궁핍한 삶은 상상을 초월할 정도였습니다. 굶는 것이 일상이었고 공부는 엄두도 못 냈습니다. 하지만 아버지가 큰맘 먹고 초등학교를 보내 가까운 집안 전체에서 처음으로 초등학교에, 비록 남보다 한 살 많은 나이였지만 입학할 수 있었습니다.

그렇게 초등학교는 졸업했지만 중학교로 진학하지는 못했습니다. 대신 남의 집 머슴 노릇을 몇 년 했습니다. 초등학교를 다닐 때는 공부를 잘해 우등상도 타고 반장도 했지만 다 소용없는 일이었습니다. 그래도 진학의 꿈은 포기할 수 없어 토끼를 길러 시장에 내다 팔았습니다. 그리고 그 돈으로 중학교 교재를 사서 집에서 독학을 했습니다. 다행히 출석하던 교회 장로님의 아이들을 가르쳐 주는 조건으로 중학교를 간신히 다니게 되었습니다.

중학교를 졸업하고는 무작정 서울로 올라왔습니다. 길거리에서 자고 기차역에서도 자며 구두닦이를 했습니다. 낮에는 구두닦이를 하고 밤에는 야간 학교를 다녔습니다. 노량진 산꼭대기에 있는 동양공업고등학교였습니다.

이 학교를 들어갈 때도 눈물겨운 에피소드가 있습니다. 친구를 따라 그 학교에 갔다가 무작정 교장실로 들어갔습니다. 그러고는 교장 선생님 앞에서 무릎 꿇고 울면서 하소연했습니다. 구두를 닦으러 서울로 온 것이 아니라 읍내에 고등학교가 없어서 서울로 왔는데 입학금도, 등록금도 없고 입학 시기도 다 지났지만 입학만 시켜 주면 월사금은 충실히 내겠다고 사정했습니다. 그런 딱한 처지에 놓여 있는 류태영을 지켜보던 교장 선생님이 특별히 입학을 허락했습니다.

그렇게 입학은 했지만 월사금을 내는 것이 큰 문제였습니다. 구두닦이를 해서 번 돈은 다 월사금으로 나갔습니다. 밥 먹을 돈이 없어 그냥 굶었습니다. 빈혈에 걸려 학교 가는 길에 수시로 쓰러졌습니다. 그러면서도 류 박사는 대학까지 진학을 했습니다.

공부를 하기 위해 뭐든 닥치는 대로 일을 했습니다. 쓰레기를 주워 팔고, 못이나 쇳조각을 모아다 팔고, 행상도 하고, 그렇게 야간 대학을 다녔습니다. 너무 배가 고파서 쓰레기통에서 밥을 주워 먹었습니다. 속옷을 비롯해 모든 옷은 한 번 입으면 반년을 버텼습니다. 지금으로서는 도저히 상상이 안 되지만 류 박사는 그렇게 혹독한 가난 속에서도 끈질기게 공부의 끈을 놓지 않았습니다.

일기 속의 감사

이런 생활 속에서도 류 박사는 감사 일기를 썼습니다. 물론 그냥 하루하루의 일과와 느낌들을 적은 보통 일기였지만 굳이 이 일기에 '감사 일기'란 표현을 쓰는 것은 그 내용이 온통 감사로 가득 차 있기 때문입니다. 객관적으로 볼 때 뭐가 감사하겠습니까? 너무 배가 고파 쓰레기통의 밥을 주워 먹을 정도인데 도대체 감사할 이유가 있었을까요?

그런데 류 박사는 정말로 감사하다고 일기에 적었습니다. 학교 다닐 수 있어서 감사하고, 기뻐서 감사하고, 잠자리가 있어 감사하고, 굶어 쓰러지면서도 먹을 수 있으니 감사했습니다. 왜 그랬을까요? 류 박사는 전능한 하나님이 살아 계셔서 지금 자신 앞에 있다는 걸 확실히 믿었기 때문입니다. 하나님이 자신을 사랑하신다는 사실만으로도 기쁘고 감사했던 겁니다. 하지만 의문이 일어났습니다. 전능하신 하나님이 살아 계시고 이처럼 자신을 사랑하는데 왜 자신은 굶고, 빈혈에 걸리고, 길가에 쓰러져 자야 하는가? 당시 일기장에는 그 이유에 대해 다음과 같은 설명이 붙어 있었습니다.

"하나님께서 나를 쓰시려고 그런다. 호미나 괭이를 만드시려고 녹슬고 쓸데없는 쇳조각 같은 나를 훈련시키시니 얼마나 감사한가!"

이런 긍정적인 태도와 감사하는 마음이 덴마크 유학의 길을 열어 줬습니다. 스스로 유학의 뜻을 세우고 기도하던 류 박사에게 하나님이 물었습니다.
'가서 무엇을 배울래? 그리고 어디로 갈래?' 이 물음에 류 박사는 '가난한 농촌이 잘사는 복지 국가가 되는 것을 배워서 우리나라의 가난을 살려 보겠습니다'라고 대답했습니다. 그리고 유달영 박사의 『새 역사를 위하여』라는 책을 읽으며 덴마크 유학의 결심을 굳혔습니다.

류 박사는 영어로 자기소개서를 썼습니다. 물론 엉터리 영어였습니다. 도서관에 가서 대백과사전을 찾아보았습니다. 당시 덴마크의 지도

자는 프레드릭 9세였습니다. 그래서 편지 봉투에 수신인을 '프레드릭 9세'로 적었습니다. 하지만 주소는 알 수 없었습니다. 기도를 하니 '걱정 말아라. 그 나라 편지 배달부가 왕이 어디 사는지 모르겠냐?'라는 응답이 왔습니다.

그래서 수도인 코펜하겐을 적었습니다. 쉽게 말해 '홍길동, 서울, 대한민국' 이런 식으로 주소를 적었던 것입니다. 과연 이런 편지가 한 나라의 국가 원수에게 배달될 수 있을까요? 말도 안 되는 코미디 같은 이야깁니다.

그런데 이 말도 안 되는 웃기는 이야기가 현실이 되었습니다. 덴마크 왕궁 사무실에서 회신이 온 겁니다. 보좌관이 보내온 편지에는 영어로 세 줄 반, 간단하게 이렇게 적혀 있었습니다.

'왕께서 당신의 편지를 읽고 감동해 당신이 원하는 대로 처리해 주라고 당신의 편지를 행정부로 넘겼습니다.'

그리고 얼마 후 외무성 차관보로부터 편지가 왔습니다.

'당신이 원하는 기간, 원하는 장소에서, 원하는 분야를 공부할 수 있도록 우리 정부가 책임을 지기로 했습니다.'

두 개의 결정적 장면

류 박사는 왕실 장학생으로 2년간 덴마크에서 공부했습니다. 가난했던 덴마크가 그룬트비 정신 운동으로 변화를 일으키고 세계적인 낙농 복지 국가로 거듭나는 과정을 배웠습니다. 그러고는 다시 이스라엘로 유학을 떠났습니다. 이스라엘의 집단 농장인 키부츠를 공부하기 위해서였습니다. 이때도 역시 이스라엘 대통령에게 편지를 썼습니다. 류 박사의 편지에 감동한 이스라엘 대통령의 초청을 받아 이스라엘 정부 장학금으로 공부했습니다.

공부가 끝나자 귀국한 그는 건국대 교수가 되어 학생들을 가르치며 농촌 운동을 시작했습니다. 또 3년간 아침마다 방송을 통해 농가 방송을 했습니다. 이처럼 류 박사의 삶은 주변에서 흔히 볼 수 없는 특별한 계기를 따라 이루어졌습니다. 정년 퇴임을 하고는 경제적으로 어려운 학생들을 위해 장학 재단을 설립했습니다.

본인의 강사료, 인세 등을 모아 사재 4억2천만 원을 출연했습니다. 이런 류 박사의 뜻에 공감하는 사람 600여 명이 별도의 후원금을 모아 11억 5천만 원의 기금을 조성했습니다. 이것으로 농촌 학생들에게 장학금을 주고 다양한 후원 사업을 진행하고 있습니다.

류 박사의 이야기는 감동적입니다. 쓰레기통에서 밥을 주워 먹던 한 청년이 마치 기적처럼 덴마크와 이스라엘 유학을 떠나고 다시 돌아와 교수가 되고 퇴직 후에는 자신처럼 어려운 청소년들을 위해 장학 재단을 설립한다는 것은 그 자체로 한 편의 감동 드라마입니다. 하지만 이것은 '픽션'이 아니라 '논픽션'입니다. 이런 류 박사의 삶을 인도해 간 동력이 바로 신앙심과 꿈, 긍정적인 삶의 태도와 감사입니다. 그의 삶을 요약해 주는 결정적인 장면 두 가지가 있습니다.

"한 번은 신문을 넣고 돌아가려는데 쓰레기통에 밥 덩어리가 버려져 있는 것이 보였다. 나는 너무 배가 고파 참지 못하고 둘레둘레 주위를 살펴보다가 얼른 그것을 집어 들었다.
묻은 연탄재와 모래를 떼어 내고 그 밥을 다 먹어 치웠다. 눈물이 하염없이 흘러내렸다. 그래도 나는 쓰레기통의 밥이나마 먹을 수 있게 해 주신 하나님께 감사드렸다."

_『언제까지나 나는 꿈꾸는 청년이고 싶다』 중에서

"나는 초등학교 6학년 때부터 매일 하루도 거르지 않고 일기를 썼다. 그런데 놀라운 것은 '감사하다'는 말이 가득 차 있다는 점이다. 쓰레기통에서 밥 주워 먹고, 썩은 빵 주워 먹고, 신문 배달과 신문팔이, 구두닦이를 하는데 감사하다니. 세상적으로 볼 때는 감사할 것이 하나도 없어 보이지만 일기에는 감사하다는 말이 너무 많이 나온다."

_『꿈과 믿음이 미래를 결정한다』 중에서

만일 류태영 박사가 감사의 지혜를 지니지 못했다면 그는 자신의 어려운 신세를 탄식하고 부모님과 세상을 원망하면서 불행의 늪에서 허우적거렸을 것입니다. 그렇지만 류태영 박사의 고백처럼 감사가 그의 삶을 살렸고, 그의 인생을 빛나게 해 주었고, 모든 사람들에게 삶의 귀감이 되는 생애가 되게 해 주었던 것입니다.

감사하는 길이 곧 사는 길입니다. 회복하는 길입니다. 기적을 일으키는 길입니다. 감사할 수 없는 무딘 마음으로는 기적을 볼 수 없고, 감사하는 사람은 언제나 기적을 체험하며 살게 됩니다.

> 감사는 영혼에서 피어나는
> 가장 아름다운 꽃이다.
> _ 헨리 워드 비처

CHAPTER. 04

감사는
역경 속에서 피는 꽃

이은호

　감사의 사람들 가운데는 어린 시절 부모님을 통해 감사의 의미를 깨닫게 된 사람들이 많습니다. 어린 자녀의 눈에 비친 부모님의 감사는 마치 DNA처럼 자녀의 영혼에 깊은 흔적을 남깁니다. 그런 부모님 영향 아래 성장한 자녀는 감사하는 사람이 되지 않을 수 없습니다. 이은호 목사(옥인교회) 역시 그런 사람들 가운데 한 명입니다.

　이 목사는 어머니로부터 감사를 배웠습니다. 젊은 나이에 남편을 잃고 홀몸으로 자식을 키우느라 모진 고생을 했지만 이 목사의 어머니는 결코 감사의 끈을 놓지 않았습니다.

　이 목사의 기억 속에는 그런 어머니의 모습이 생생하게 각인되어 있습니다. 이 목사가 목회자가 되어 감사의 길을 걸을 수 있었던 것은 어머니의 영향 때문이었습니다.

찬송으로 흘러나온 감사

　이 목사의 어머니는 결혼한 지 얼마 안 되어 남편과 사별했습니다. 이 목사가 알고 있기로는 아버지와 어머니가 실제로 결혼 생활을 했던 것은 1년이 채 안 되는 짧은 기간이었습니다. 젊은 나이에 덜컥 홀몸이 된 어머니가 느꼈을 막막함과 두려움은 얼마나 컸겠습니까? 그래도 이 목사의 어머니는 좌절하지 않고 신앙의 힘으로 역경 앞에 당당히 맞섰습니다.

이 목사의 어머니는 고생을 많이 했습니다. 세상을 떠난 남편 대신 아들을 키우느라 공장에도 나가고 보따리 장사, 옷 가게, 소 사육 등 안 해 본 일이 없습니다. 그래도 그 어려운 과정들을 묵묵히 잘 견뎠습니다. 또 매일 새벽 기도회에 나가 기도했고 기도를 통해 얻은 지혜로 사업도 잘 꾸려나갔습니다.

그런 이 목사의 어머니가 가장 기뻐했던 날은 자신의 집을 마련한 날이었습니다. 1971년 대구에서 서울로 올라와 변두리에 마련한 무허가 주택이었습니다. 이 목사의 어머니가 생애 처음으로 마련한 자신의 집이었습니다. 이 목사의 어머니는 감격에 겨워 말도 제대로 할 수 없을 정도였습니다. 그러고는 친정 부모님과 대학에 다니는 여동생까지 자신의 집으로 데려왔습니다.

어머니의 감사는 날마다 찬송으로 흘러나왔습니다. 풍족한 삶은 아니었지만 넉넉한 마음으로 어려운 이웃에게 베풀며 살아가는 어머니의 모습은 어린 이 목사의 마음에 감동으로 다가왔습니다.

이 목사의 어머니가 유치원에 다니던 아들을 친정어머니에게 맡기고 옷을 팔러 다니던 때가 있었습니다. 한번은 깊은 산골에 가서 옷을 팔고 나오는 길이었습니다. 버스가 출발하기 몇 분 전에 정류장에 도착해 버스를 타려고 했는데 그만 버스가 출발해 버렸습니다. 예정 시간보다 먼저 출발한 것입니다. 어머니는 눈앞에서 타야할 버스를 놓치고 말았습니다.

혹시 백미러를 본 기사가 버스를 세울지도 모른다는 생각에 어머니는 버스를 따라 달렸습니다. 무거운 옷 보따리를 든 채 있는 힘을 다해 달렸지만 버스는 멈추지 않았습니다. 결국 어머니는 몇 시간을 정류장에서 기다린 뒤 다음 차를 탈 수밖에 없었습니다. 고단한 삶과 서러움에 어머니는 눈물을 흘렸습니다.

그런데 끔찍한 일이 벌어졌습니다. 어머니는 버스를 타고 산길을 내려가던 중에 먼저 출발했던 버스가 계곡으로 굴러 떨어진 참혹한 사고 현장을 목격하게 되었습니다. 브레이크 파열로 사고가 난 버스의 잔해는 계곡 밑에 엉망진창으로 흩어져 있었습니다.

다음 날 조간신문에는 그 버스에 탔던 승객과 운전사 전원이 사망했다는 기사가 실렸습니다.

만약 그 버스를 탔더라면 이 목사의 어머니도 다른 승객들과 같은 운명을 맞았을 겁니다. 버스를 놓치는 바람에 목숨을 건진 이 사건으로 어머니는 충격을 받았습니다. 하나님의 간섭과 섭리에 대해 깊은 성찰을 하게 된 것입니다. 그리고 어려움 속에서도 감사해야 할 이유를 새롭게 깨닫게 되었습니다.

그때 이후 어머니는 자신의 인생을 보너스 인생으로 생각하며 절대 불평하지 않고 감사하면서 남은 인생을 살기로 다짐했습니다.

놀라운 치유의 은혜

아버지가 없다는 사실은 성장 과정에 있는 자녀로서는 참 힘든 일입니다. 특히 아들의 경우에는 롤모델의 부재가 큰 상실감으로 다가올 수 있습니다. 하지만 이 목사에게는 그것이 그렇게 큰 걸림돌로 다가오지 않았습니다.

당시 이 목사가 살던 동네의 풍경은 궁핍함 그 자체였습니다. 그런 환경에서 대부분의 아버지는 든든한 울타리가 아니라 술에 찌들어 폭력을 일삼는 폭군인 경우가 많았습니다. 저녁 늦게 이 목사의 집으로 찾아온 동네 아낙들은 이 목사의 어머니에게 그런 하소연들을 한없이 풀어놓다가 돌아가곤 했습니다. 그런 이야기를 어머니 옆에서 자주 들었던 이 목사는 아버지가 없다는 사실이 큰 상실감으로 다가오지는 않았습니다.

어떻게 보면 생각하기 나름입니다. 아버지가 없다는 것은 좌절의 조

건이 될 수도 있지만 동시에 더 꿋꿋하게 살아갈 이유가 되기도 했습니다. 삶의 장애는 그것을 장애로 여길 때만 장애가 됩니다. 게다가 이 목사에게는 아버지의 빈자리까지 든든히 채워 주는 어머니가 있었습니다.

그런 이 목사의 어머니에게 또 다른 시련이 닥쳐왔습니다. 이 목사가 초등학교 1학년 때였습니다. 어머니가 폐병에 걸리신 것이었습니다. 병원에서는 3개월을 넘길 수 없으니 마지막을 준비하라고 말했습니다. 청천벽력 같은 소리였습니다. 가장의 역할까지 하며 억척스러울 정도로 힘들게 살아온 어머니로서는 쉽게 받아들일 수 없는 절박한 상황이었습니다.

그러나 이 목사의 어머니는 그런 절망적인 상황에서도 희망의 끈을 놓지 않았습니다. 그리고 간절히 기도했습니다. 하지만 그때 이 목사의 어머니가 기도한 것은 자신의 병을 낫게 해 달라는 기도가 아니었습니다. 그저 하나밖에 없는 당신의 아들을 맡아 돌봐 줄 사람을 보내 달라는 기도였습니다.

기도를 들으신 하나님은 어머니의 병을 고쳐 주셨습니다. 놀라운 치유와 긍휼의 은혜를 허락해 주셨습니다. 이 목사는 이를 지켜보며 자신을 향한 하나님의 사랑을 확인했습니다. 하나님의 크신 은혜를 경험한 이후 어머니의 찬송 소리는 더욱 커졌고 주님의 몸 된 교회를 사랑하는 마음은 더욱 깊어졌습니다.

어머니의 깊은 사랑

이 목사는 초등학교 시절 학급에서 늘 반장이었습니다. '착하다'는 이유 때문이었습니다. 3학년 때는 전교에서 단 한 명을 뽑는 착한 어린이 상도 받았습니다. 이 목사는 당시 담임 선생님이 자신을 그 상의 후보로 추천한 이유를 어려운 삶의 여건 속에서도 결코 환경을 원망하거나 탓하지 않고 늘 밝은 표정으로 학교를 다녔기 때문일 것으로 추측합니다. 어떤 어려움 속에서도 감사하는 마음을 잃지 않는 어머니의 영향이 아들에게도 그대로 전달되었기 때문입니다.

아들이 너무 귀한 상을 받은 것이 감사해서 어머니는 학교 선생님들에게 식사를 대접했습니다. 학교 앞에 있는 초라한 국숫집에서 국수 한 그릇씩을 대접하는 것이 전부였지만 가난한 살림에 그것은 최선의 대접이었습니다. 그렇게 어머니는 감사를 표현할 줄 알았습니다.

상담을 공부한 적은 없지만 이 목사의 어머니는 늘 남의 이야기에 귀를 기울였고 궂은일에도 발 벗고 나서는 '감초 아줌마'였습니다. 늘 자신을 찾아와 신세 한탄을 하는 동네 아줌마들의 이야기를 잘 들어주었고 조언을 아끼지 않았습니다. 그러다가 몸이 아픈 사람은 한의사에게 보내 주고 약값까지 대신 지불해 주기도 했습니다.

그러나 하나 밖에 없는 아들에게는 결코 보약 한 첩도 지어 주는 법이 없었습니다. 보약이 뭡니까? 오히려 스스로 양말을 빨아 신게 했고 운동화도 직접 빨아 신고 집안 청소까지 시키는 엄격한 어머니였습니다.

독자라서 응석받이가 되기보다는 스스로 자신의 일을 처리하고 책임질 수 있는 사람으로 성장하기를 원했기 때문이었습니다. 그렇게 성장한 아들은 나중에 어른이 되어서도 어머니의 깊은 사랑을 잊지 않고 늘 감사하는 사람이 될 수 있었습니다. 이은호 목사가 어머니를 떠올리며 기억하는 감사 내용 열 가지입니다.

1. 금보다 귀한 신앙의 유산 물려주심 감사합니다.
2. 젊은 날 아버지 천국 보내셨으나 어린 저를 버리지 않으셔서 감사합니다.
3. 아들이 장로 되길 원하셨으나 목사 되는 것 받아 주심 감사합니다.
4. 어려운 중에도 피아노 학원에 보내 주셔서 반주할 수 있게 하심 감사합니다.
5. 잘못할 땐 엄하게 책망하셔서 악을 버리게 하심 감사합니다.
6. 꾸어 주고 베풀며 약한 자를 돕는 모습 보며 자라게 하심 감사합니다.
7. 아들이 결혼한 후에 재혼하셔서 새아버지 만나게 하심 감사합니다.
8. 새벽마다 아들 위해 기도해 주시니 감사합니다.
9. 며느리 생일에 떡과 케이크 보내 주시니 감사합니다.

10. 섬기시는 교회 힘든 상황에서도 예배의 자리 지키시니 감사합니다.

이 목사는 옥인교회를 담임한지 10년을 넘겼고 부임할 때와 비교해서 평안하고 든든한 교회로 세워졌으며, 무엇보다 감사로 소문난 교회가 되어 주변의 목회자들과 성도들의 부러움을 사고 있습니다. 이 목사에게 얼마 전에 안부 전화를 했더니 몇 번을 연락해도 연락을 받지 못해 많이 답답했었는데, 전화를 받지 못하는 이유와 근황을 대신 문자로 알려왔습니다.

"전 목사님, 연락 받지 못해 죄송해요. 성대결절로 말을 하지 못하고 있습니다. 한 달 동안 설교도 쉬고 있습니다. 그 대신 동역자들이 설교하고 있습니다. 감사합니다. 말을 못하는 대신 몸으로 아파트 주민들과 탁구 모임에 나가서 어울리고 있습니다. 감사합니다. 최근 교회 부임 후 10년 만에 장로 부부 동반 수련회로 제주도 2박 3일 다녀왔습니다. 덕분에 목회에 큰 힘이 되고 있습니다. 감사합니다."

이은호 목사의 문자를 받고 얼마 전 읽은 안희환 님의 칼럼이 생각났습니다.

"서울 독산동에 있는 한 교회의 종탑이 새벽 예배 시간에 엄청난 바람이 불면서 무너져 내렸습니다. 16m되는 높은 종탑인데 바람의 압력을 견디지 못한 채 옆으로 넘어진 후 교회 전면으로 떨어졌습니다. 종탑이 전선에 걸리면서 불꽃을 일으켰고 정전이 되고 말았습니다. 예쁘게 꾸며 놓은 교회 화단의 소나무가 종탑에 의해 부러졌습니다. 그 옆에 세워 놓았던 자동차 한 대는 완전히 부서지고 말았습니다. 교회 앞 도로에서 교회를 올려다 보니 교회 전면의 유리도 몇 군데가 깨져 있었고 종탑이 세워져 있던 곳의 대리석도 부서져 있었습니다. 종탑 끄트머리의 십자가는 완전히 구겨져 버렸고요. 그런 광경을 보면서 갑자기 감사의 내용을 찾아야겠다는 마음이 든 것입니다. 소방차가 오고 경찰이 오고 종탑 해체 팀이 와서 작업을 하는 동안 제 속에서 감사의 내용들이 차곡차곡 쌓이기 시작하였습니다.

첫째로 인명 사고가 나지 않은 것에 대해 감사했습니다. 만약 이른 새벽이 아니라 출퇴근 시간에 종탑이 떨어져 버렸다면 사람들이 큰 상해를 입었을 것입니다. 다행히 사람들이 지나다니지 않는 시간이고 새벽 기도회에 참석하는 교인들 역시 다 들어온 상황에서 종탑이 무너져 내린 덕에 아무도 다치지 않을 수 있었습니다. 놀란 눈으로 사고 현장을 보던 사람들의 입에서도 동일한 이야기가 흘러나왔습니다.

둘째로 종탑이 교회 앞쪽으로 떨어진 것에 대해 감사했습니다. 종탑이 옆 건물이나 뒷 건물로 무너져 내렸다면 피해가 매우 컸을 것입니다. 실제로 옆 건물 주인이 나와 보니 옆으로 넘어졌으면 어쩔 뻔했

느냐고 했습니다. 전선에 걸린 채 길게 누워있는 종탑을 보고 많이 놀란 모양입니다."

 이렇듯 감사의 사람들은 어려운 역경 중에도 감사거리를 찾습니다. 1프로의 희망만 있어도 그 희망을 붙들고 삶을 아름답게 만드는 모습은 우리에게 또 다른 희망을 안겨 줍니다.
 말을 못하는 상황에서도, 종탑이 무너져 내리는 어려움 속에서도 감사거리를 찾는 이들의 삶에서는 동일한 어려움을 겪는 사람들에게 불평 대신 감사를, 절망 대신 희망을 심어주는 긍정적인 에너지를 불어 넣어 주고 있습니다.

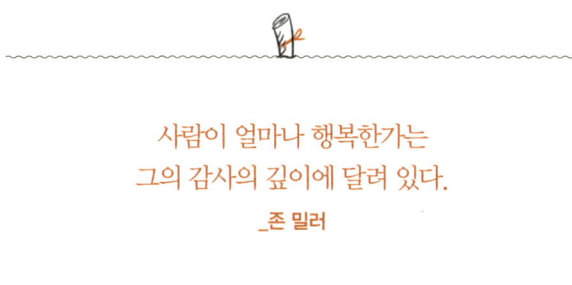

사람이 얼마나 행복한가는
그의 감사의 깊이에 달려 있다.
_존 밀러

CHAPTER. 05

감사는
훈련입니다

김용환

감사를 발견하고 자신의 삶 속에서 구체적으로 감사를 실천하는 사람들 가운데는 의외로 어려움 속에서 감사를 발견한 경우가 많습니다. 즐겁고 행복해서 감사하게 된 것이 아니라 오히려 괴롭고 고통스러운 가운데서 진정한 감사의 의미를 깨닫습니다. 김용환 대표(감사나눔신문) 역시 마찬가지입니다.

김 대표의 가정은 중증 장애를 갖고 태어난 아들 때문에 온 가족이 극심한 고통을 겪었습니다. 그 고통을 견디기 위해 오히려 감사를 외쳤던 김 대표는 그러는 가운데 진정한 감사의 의미를 발견했고 이제는 열정적인 감사 운동을 펼치고 있습니다. 김 대표의 감사는 어떤 것이었을까요?

소아마비로 태어난 이삭

지금은 세상을 떠나고 없지만 김 대표에게는 둘째 아들이 있었습니다. 소아마비로 태어나 13년 6개월을 살다가 하늘로 간 '이삭'입니다. 이삭이 태어났을 때 병원에서는 이 아이가 6개월밖에 살 수 없다고 진단했습니다. 뇌세포가 상당 부분 죽어 있어 제대로 성장할 수 없었기 때문입니다. 김 대표의 아내가 의사여서 좋은 병원이란 병원은 다 다녀 보았지만 대답은 한결같이 단명한다는 답변이었습니다.

이삭이는 제대로 보고 들을 수가 없었습니다. 자라면서 걷지도 못했고 계속 누워 있거나 등에 업히거나 안겨 있어야 했습니다. 온 가족이 모두 인고의 세월을 보내야 했지만 특히 김 대표의 어머니(손복화 권사)는 주로 이삭이를 등에 업고 맡아 돌보면서 무거운 십자가를 짊어져야만 했습니다.

그때부터 김 대표 가족의 '입으로 하는 감사'가 시작되었습니다. 모두가 힘들다 보니 그 고통을 잊기 위해, 불평의 말 대신 "감사합니다. 감사합니다. 감사합니다……"를 고백했습니다. 감사를 외치다가 어떤 때는 주기도문을 외고, 사도신경도 외고, 찬양을 하면서 이 가족은 캄캄한 시련의 동굴을 헤쳐 나갔습니다. 그런 시간이 13년 6개월 동안 지속되었습니다. 병원에서는 아이가 6개월밖에 못 산다고 했는데 13년 6개월이나 살았던 겁니다.

참으로 긴 고통의 시간이었습니다. 그런데 놀라운 것은 그 시련의 시간 동안 가족 모두의 마음이 바뀌었다는 사실입니다. 특히 이삭이 때문에 힘들었던 어머니의 마음이 많이 바뀌었습니다. 자신의 힘으로는 어떻게 할 수 없는 무력감 앞에서 어머니는 역으로 감사를 선택했습니다. 그리고 그 감사로 고난을 극복하고자 했습니다. 김 대표와 김 대표의 아내도 마찬가지였습니다.

이 기간 동안 김 대표는 감사에 대해 많이 공부했습니다. 신경정신과 의사였던 아내의 추천으로 긍정심리학과 관련된 많은 책들을 탐독했습니다. 그리고 "범사에 감사하라 이것이 그리스도 예수 안에서 너희를 향하신 하나님의 뜻이니라"(살전 5:18)는 성경 말씀에서 감사의 참된 의미를 깨달았습니다.

「감사나눔신문」 창간

'감사'의 반대말은 무엇일까요? 김 대표에 따르면, '당연하다'입니다. 늘 당연히 여기는 것 말입니다. 공기가 당연하다고 여기고, 물이 당연하다고 여기고, 햇볕이 당연하다고 여기지만, 곰곰이 생각해 보면 이것들이야말로 가장 소중한 것들 아닙니까? 이런 것들을 허락하신 하나님께 감사해야 합니다.

감사란 이런 당연한 것들이 특별한 것으로 여겨질 때 비로소 나타나는 것이라는 게 김 대표의 설명입니다. 가령, 가족을 예로 들 수 있을 것 같습니다. 우리는 가족이 항상 내 곁에 있을 거라 여기지만 가족이 더 이상 곁에 없게 되면 비로소 가족의 소중함을 깨닫습니다. 그러니 당연하다고 생각했던 것들을 되돌아보고 그렇게 당연히 받아 왔던 것들에 대해 특별하게 느끼고 고마움을 표현하는 것이 바로 감사입니다.

김 대표는 이런 자신의 생각과 경험을 다른 사람들과 공유하고 싶었습니다. 그래서 「감사나눔신문」을 창간했습니다. 기자 출신이다 보니 자신이 잘 알고 친숙한 오프라인 미디어를 생각하게 된 겁니다. 그리고 이 신문을 토대로 감사 운동을 펼쳤습니다.

김 대표가 감사 운동을 전개하면서 특히 보람 있게 여기는 것은 '어머니에 대한 감사의 회복'입니다. 김 대표는 「감사나눔신문」이 하고 있는 일을 한마디로 축약하면 '내게 가장 소중한 사람에 대한 감사를 회복하자'입니다. 남편이나 아내에 대한 감사, 부모님과 자녀에 대한 감사 등 가족에 대한 감사를 중시하지만 그중에서도 특히 어머니에 대한 감사를 강조합니다.

「감사나눔신문」에서는 기업체 직원 교육도 많이 하는데, 그 시간에 직원들에게 어머니에 대해 당연하다고 생각했던 것들을 글로 적어 보라고 하면 50대 가장들까지 눈물을 펑펑 쏟는다고 합니다. 그동안은 미처 깨닫지 못했는데 막상 글로 적으려니 과거 어머니에게 소홀했던 점들이 떠오르면서 미안함과 그리움들이 한꺼번에 복받쳐 울고 마는 것입니다. 김 대표는 이런 것을 '감사의 회복'이라고 부릅니다.

감사의 통로

김 대표는 어머니에 대한 감사를 통해 우리가 정체성을 되찾는다고 합니다. 자신의 뿌리를 알게 되고 동시에 자신이 어머니로부터 얼마나 큰 사랑을 받았는지를 알게 되면 자존감도 높아진다는 것입니다. 우리에게 '변화'는 이런 방식으로 일어납니다. 자신이 누군가로부터 많은 사랑을 받고 있다는 것을 알고 나면 마음이 달라지기 때문입니다.

어머니의 사랑과 은혜를 깨달으면서 우리 마음에 '회복'이 일어납니다. 김 대표는 포스코에서 직원 교육을 통해 커다란 변화를 일으켰는데 이것이 바로 '포스코 변화'의 핵심이라고 설명합니다. 가정이 모든 것의 출발점입니다. 부모가 자녀들 앞에서 자신의 부모님께 제대로 감사하는 모습을 보이며 살아가면 자녀들은 그 모습을 통해 가정의 의미와 감사의 가치를 몸으로 배우게 됩니다. 가정이 감사로 화합될 때 우리 삶의 많은 문제들이 저절로 해결됩니다.

김 대표는 이런 중요한 문제를 학교나 학원, 종교 기관에 맡길 수 없다고 생각합니다. 단순히 말로 가르치는 것은 아무런 의미도 없기 때문입니다. 몸으로 직접 보여 주고 그걸 통해 자녀들이 무엇을 느끼느냐가 더 중요하다는 겁니다.

김 대표는 감사 운동을 하면서 가족 다음으로 가까운 사람들, 즉 회사 직원들의 변화를 큰 보람으로 여깁니다. 김 대표가 처음에 회사 직원들에게 감사할 내용을 쓰라고 했더니 잘 실천되지 않았습니다. 그래서 다섯 가지 감사를 쓰는 사람에게는 인센티브를 지급했습니다. 감사의 의미를 잘 이해하지 못하는 상태에서는 사실 다섯 가지든, 열 가지든 감사를 쓴다는 것 자체가 힘든 일이기 때문입니다. 회사 사정이 넉넉지 못한 상태에서 김 대표는 때로는 대출을 받아서까지 인센티브를 지급했습니다.

이러한 과정을 통해 변화가 일어났습니다. 한 직원은 가족 내에서 '공공의 적'이었습니다. 아이들은 아빠를 하숙생으로 착각하고 아내는 남편을 원수로 여겼습니다. 그런데 감사를 실천하면서 아이들은 '아빠를 존경한다'고 말하고 아내는 '너무나 행복하다'고 고백할 정도로 큰 변화가 일어났습니다. 또 다른 직원은 늘 회사에 정착을 못하고 다른 곳을 기웃거렸는데 감사를 실천하면서 마음에 변화가 일어나 가장 모범적인 직원으로 탈바꿈했습니다.

감사는 훈련

김 대표는 감사가 훈련이라고 생각합니다. 사람은 어느 정도 성격이

나 능력을 타고나지만 이러한 성격이나 능력은 훈련을 통해 변화될 수 있습니다. 감사 또한 마찬가지입니다.

다만 중요한 것은 중도에 포기하지 않는 겁니다. 감사는 깊은 회개의 과정입니다. 마치 큐티를 하듯 매일 꾸준히 자신에 대해 반성하는 시간이 필요합니다. 우리는 살면서 자주 넘지 말아야 할 선을 넘습니다. 욕심과 교만 때문에 자신도 잘 모르는 사이에 그렇게 됩니다. 그래서 스스로 자신을 살피고 반성하는 과정이 꼭 필요합니다.

이런 반성과 회개의 과정을 통해 우리는 '범사 감사'로 나아갈 수 있습니다. 감사는 'Doing'(행함) 감사도 있지만 'Being'(존재) 감사도 있습니다. 이 '존재 감사'가 '범사 감사'입니다. 가령 우리가 살고 있는 지구를 예로 들 수 있습니다. 지구는 엄청나게 빠른 속도로 자전과 공전을 하고 있는데 만약 지구가 갑자기 멈춰 버린다면 어떤 일이 일어나겠습니까? 상상도 하기 어려운 일이 벌어질 겁니다. 무엇보다도 그동안 우리가 중요하게 생각하던 모든 것들이 일순간에 다 날아갈 것입니다.

이렇게 생각해 보면 지구가 매일 변함없이 자전과 공전을 계속하고, 아침이면 해가 뜨고, 바람이 불고, 비가 오고, 밤낮이 바뀌는 것 자체가 얼마나 큰 은혜입니까? 사실 사람의 힘으로는 사과 한 알도 만들 수 없습니다. 그렇지만 봄이 오면 꽃이 피고 가을이 되면 신비롭게 열매가 맺습니다. 그저 당연하게 여겼던 모든 것들이 다시 생각해 보면 감사한 일뿐입니다. 이것이 바로 '존재 감사' 혹은 '범사 감사'입니다.

동트기 전이 가장 어둡다

그럼 이런 감사가 가장 강력한 힘을 발휘할 때는 언제일까요? 내가 행복할 때? 아닙니다. 감사가 그 진정한 가치를 발휘할 때는 바로 우리가 어렵고 힘들 때입니다. 경제적인 문제나 질병, 실연, 사업 실패 등 인생의 밑바닥을 헤매고 있을 때 감사는 이런 어려움들을 극복하고 일어설 수 있는 진정한 힘이 되어 줍니다.

하지만 그렇게 되기 위해서는 '약간의 훈련'이 필요하다는 것이 김 대표의 설명입니다. 무엇보다도 확실한 목표와 비전이 필요합니다. 삶의 확실한 목표와 비전 없이는 고통 가운데서 감사할 수 있는 의지를 끌어내기가 어렵습니다.

두 번째로는 어느 정도 난이도가 필요하다고 합니다. 이 '난이도'라는 말이 좀 이해가 안 갈 수도 있는데, 사실 문제란 그것이 아주 쉽게 풀릴 수 있을 때는 그다지 어려움으로 다가오지 않습니다. 풀기 어려운 문제일 때 그것을 해결해 나가는 기쁨도 존재하는 겁니다. 행복도 손쉽게 그냥 주어졌을 때는 행복이 아닙니다. 힘들고 어려운 과정을 거쳐 얻어냈을 때 진정한 행복이 되는 것과 마찬가지입니다.

중요한 것은 쉽게 포기하지 않는 겁니다. 아인슈타인의 고백처럼 "어려움 속에 기회가 있다"고 생각하고 기도하며 정면으로 부딪혀 나가야 합니다. 나무도 정상 가까이 있는 나무라야 기둥으로 쓰기 좋습니다. 배의 돛으로 사용하는 나무는 바람을 세게 맞으며 자란 나무입니다.

사람도 마찬가지입니다. 우리는 시련과 연단을 통해 더 아름답고 멋지게 사용될 수 있습니다. 어려움을 겪어 봐야 신앙도 성장하고 그 어려움을 극복하는 과정에서 스스로 깊어지게 됩니다. 이런 사실은 김 대표 자신이 「감사나눔신문」을 통해 직접 경험하고 체험한 일들입니다.

"처음에는 아무도 안 믿었다. 저런 신문 만들어서 3개월이나 버틸까, 6개월, 1년 버티면 많이 버틴 거겠지. 주변에는 부정적인 시선들이 많았다. 심지어는 직원들까지 정말 신문이 지속되겠느냐는 의구심을 가졌다. 하지만 이제는 그렇게 생각하는 사람은 아무도 없다."

감사의 재료

김 대표는 감사의 재료를 겸손과 온유, 낮아짐이라고 생각합니다. 겸손과 온유, 낮아짐 이 세 가지가 이루어지지 않으면 감사는 아무런 의미가 없다고 강조합니다. 우리가 감사를 통해 얻어야 할 궁극적인 지향점이 바로 이 겸손과 온유, 낮아짐이라는 말입니다. 그렇지 않으면 우리는 결국 자신의 높아짐을 감사하게 됩니다. 김 대표는 예수님이 온유와 겸손을 가르치기 위해 이 땅에 오셨다고 설명합니다.

"수고하고 무거운 짐 진 자들아 다 내게로 오라 내가 너희를 쉬게 하리라. 나는 마음이 온유하고 겸손하니 나의 멍에를 메고 내게 배우라"(마 11:28-29).

이것이 바로 '예수님의 멍에'입니다. 우리는 이 '예수님의 멍에'를 가정과 학교, 교회에서 가르쳐야 하는데 실제로는 잘 이루어지지 않습니다. 하지만 감사를 실천하면 온유와 겸손을 저절로 체득할 수 있습니다.

우리 마음속에 가득한 욕심을 덜어내는 일, 회개하고 낮아지는 겸손한 삶의 과정이 바로 감사의 과정이기 때문입니다.

감사하는 영을 개발하라.
그러면 그대는
영원한 잔치를 즐길 것이다.
_ 맥더프

THANKS
감사가 내 인생의 답이다

PART. 02

감사가 가져온
행복

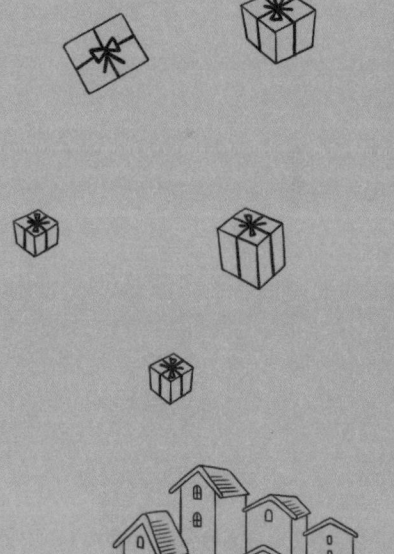

CHAPTER. 06

'100감사'의 비밀

안남웅

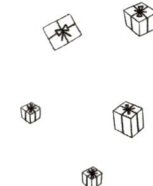

　감사하는 마음에는 욕심이 없습니다. 없으면 없는 대로, 있으면 있는 대로 자족할 줄 아는 마음이 감사하는 마음입니다. 그래서 감사하는 마음은 오늘의 일상을 소중히 여기고 작은 호의에도 감사할 줄 압니다. 그런데 이렇게 감사하다 보면 때때로 생각지도 못한 '선물'을 받는 경우도 있습니다. 미리 예상하거나 바란 것이 아니기에 '선물'이라고 밖에는 달리 표현할 길이 없습니다. '100감사의 원조'로 불리는 안남웅 목사(전 미국 벌링턴 한인침례교회 담임)의 삶에도 그렇게 '선물'과도 같은 복이 임했습니다.

'100감사'의 시작

　안 목사는 미국 노스캐롤라이나 주 훼잇빌에서 한인 목회를 했습니다. 훼잇빌은 미국에서도 군사 도시로 직업 군인들이 많습니다. 이들 직업 군인 가운데는 주한 미군으로 근무하다가 한국인 여자와 결혼해서 훼잇빌에 되돌아온 사람들도 적지 않습니다. 그런데 이들이 결혼한 한국인 여자 가운데는 결혼해서 미국까지 왔지만 워낙 험한 인생을 살다 보니 성격이 모난 경우도 있었습니다. 안 목사의 교회에도 이런 사람들이 여럿 출석했습니다. 소위 '왕 언니'로 불리는 권사님이 있었는데, 안 목사가 오기 전에 이미 세 명의 목회자를 쫓아낸 '화려한 경력'의 소유자였습니다. 처음에는 사이가 괜찮았지만 우연한 기회에 그만 사이가 틀어지고 말았습니다.

안 목사가 화해를 시도했지만 왕 언니는 막무가내였고, 악수하자고 손을 내밀면 매섭게 손을 뿌리쳤습니다. 소통불가의 막가파식 왕 언니로 인해 안 목사는 심한 정신적인 고통을 겪었습니다. 자다가도 가위에 눌릴 정도로 마음이 불안하고 괴로웠으며, 결국은 교회를 떠날 결심으로 3일간 금식 기도를 했습니다. 그런데 금식 마지막 날 기도 중에 '너는 왜 일방적으로 미워만 하고 감사할 줄 모르느냐?'란 내면의 음성을 듣고, 감사할 줄 몰랐던 자신을 자각하게 되었습니다.

그 후 왕 언니에 대해 감사한 내용을 떠올리며 기록하기 시작했습니다. 세 시간을 끙끙 거리며 적었더니 50여 가지 감사 내용이 나왔습니다. 하지만 진정으로 마음에서 우러나온 감사들이 아니라서 그런지 별로 감동이 안 되었습니다.

그냥 찢어버릴까 생각도 했지만 '기왕 쓰기 시작한 거 100가지 감사를 채워 보자'는 생각이 들었습니다. 그렇게 해서 쓴 것이 최초의 100감사가 되었습니다. 그런데 처음에는 아무리 쥐어짜도 80개 이상은 나오지가 않았습니다. 아무리 생각해도 더 이상 쓸 것이 없었습니다. 그렇다고 그대로 주저앉기에는 뭔가 억울하고 자존심도 허락하지 않았습니다. 누웠다 일어났다를 반복하며 찾고 찾았습니다.

'왕 언니'를 감동시킨 '100감사'

그런데, 이상하게도 억지로 100감사를 채우고 있는데 마음의 변화가 일어났습니다. 억지로 쓰기는 했지만 왕 언니의 좋은 면을 찾아보려고 애를 쓰다 보니 문득 '이 사람도 나름 괜찮은 면이 있는데 왜 그렇게 미워만 했을까?' 하는 의문이 들었던 겁니다. 순간 안 목사는 자신의 눈에 '미움이라는 안경'이 씌워져 있다는 사실을 깨닫게 되었습니다.

그의 감사의 시작은 결국 '생존 감사'에서 출발했습니다. 쉽게 말해 교회에서 쫓겨나지 않기 위해 억지로 감사를 했던 겁니다. 그런데 어느 순간 가슴에서 진정성 있는 감사들이 쏟아져 나오기 시작했습니다.
마침내 새벽이 되어서야 그것도 머리를 쥐어짜서 100감사를 완성했습니다. 안 목사는 자신이 적은 100감사를 왕 언니에게 직접 전달할 용기는 없고, 새벽길을 운전해서 왕 언니 집 대문 우체통에 놓고 되돌아왔습니다. 왕 언니로부터는 어떤 반응이 나올지 몰라 궁금했는데

3일 동안 아무런 연락도 반응도 없어 조금은 불안한 마음도 들었습니다. 주일이 되었고, 드디어 왕 언니가 교회에 나타났습니다. 안 목사와 눈이 마주친 왕 언니는 팔을 하늘 높이 올리고 달려와서는 전과는 완전히 다른 얼굴 표정으로 이렇게 말했습니다.

"목사님이 사람이십니까? 나는 목사님을 쫓아내려고 그렇게 못되게 굴었는데 100감사라니요! 아침에 편지를 읽고 출근하다가 눈물이 너무 쏟아져 하마터면 사고가 날 뻔 했습니다."

이렇게 왕 언니와 극적인 화해를 경험했습니다. 안 목사는 이 일로 100감사의 위력을 체험했습니다. 소통불가의 왕 언니를 하루아침에 다른 사람으로 변화시킨 것은 100감사 덕분이었습니다. 감사에는 기적을 불러일으키는 능력이 숨어 있다는 것을 그때 알게 되었습니다.

가족으로 이어진 변화

하지만 이것은 작은 변화의 시작에 불과했습니다. 100감사는 안 목사의 가정에도 생각지 못한 변화를 가져왔습니다. 과거 아이들 사이에서 안 목사의 별명은 '시베리아'였습니다. 찬바람이 쌩쌩 부는 데다 뒤끝도 길어서 가족들은 안 목사를 무서워했습니다. 특히 안 목사의 딸은 아빠를 유난히 무서워해서 집에서도 슬슬 피해 다녔습니다.

둘의 관계가 이렇게 된 데에는 딸아이가 공부를 잘 못한 탓도 있습니다. 그 당시 딸의 성적은 하위권을 맴돌았습니다. 안 목사는 그런 딸이 몹시 못마땅해서 시간만 나면 공부 좀 하라며 아이를 달달 볶았습니다. 딸아이는 늘 긴장 상태로 음식을 먹고서는 자주 체했고 심지어 속옷에 소변을 보기까지 했습니다. 의사의 진단 결과는 스트레스로 심한 불안증을 보인다는 결과였습니다.

안 목사는 자신의 잘못된 성격으로 가족들이 고통을 당하고, 딸아이가 정신적 스트레스로 정상적인 생활이 힘들만큼 불안증을 보이는 것에 대해 미안한 마음이 들었지만 달리 해결 방법을 찾지 못했습니다. 왕 언니를 통해 100감사의 위력을 경험한 안 목사는 딸에게 먼저 감사 편지 쓰기를 시도해 보기로 했습니다. 일주일에 2-3번, 한 달에 10번 정도 감사 편지를 꾸준히 써서 가족들과 딸아이에게 전달해 주었습니다.

또한 하루에 한 가지씩 칭찬거리를 찾아 자녀들을 칭찬했습니다. 전에는 아이들을 보면 늘 야단칠 내용만 찾던 안 목사가 감사의 눈으로 자녀들을 보자 감사거리들이 눈에 띄게 많이 보였습니다.

집안의 분위기가 조금씩 달라지기 시작했습니다. 무엇보다도 가장 큰 변화를 보인 사람은 바로 딸아이였습니다. 전에는 아무리 공부하라고 야단쳐도 반응을 보이지 않던 딸아이가 감사와 칭찬의 격려를 받고 책을 읽기 시작했습니다. 늘 가슴이 무겁고 답답하다고 통증을 호소하던 아이가 가슴에서 큰 돌덩이 하나가 치워진 것 같다며 밝은 표정을 지었습니다. 안 목사가 감사하기 시작하자 집안 분위기가 서서히 달라지기 시작했습니다. 왕 언니로부터 시작된 100감사 덕분에 안 목사를 포함한 가족 식구들이 달라지기 시작했던 것입니다.

빌 게이츠 장학생이 되다

미국 고등학교는 '아너 클래스'(Honor class, 우수반)라는 제도가 있습니다. 공부를 잘하는 인재들만 모아 별도로 운영하는 우수반 제도입니다. 놀랍게도 안 목사의 딸이 아너 클래스 학생이 된 것입니다. 게다가 우수반에서도 1-2등을 다투는 기적 같은 일이 일어난 것입니다. 딸아이의 그런 모습을 보며 안 목사는 큰 잠재력을 갖고 있는 아이였는데 그동안은 자신이 그 위에 무거운 돌덩이를 올려놓아 제대로 잠재력을 발휘하지 못했다는 사실을 뒤늦게 깨닫게 되었습니다.

안 목사의 딸은 고등학교를 마치고 미국에서도 최상위 명문 주립대학 네 곳에 모두 합격을 했습니다. 그런데 딸아이가 합격한 명문 최고의 대학들은 안 가고 워싱턴에 있는 조지타운대학을 가겠다는 것이었습니다. 이유를 물으니 자신의 꿈은 정치가인데 그러기 위해서는 조지타운대학에 가야만 자신의 꿈을 펼칠 수 있다는 것이었습니다. 아무리 설득해도 소용이 없었습니다.

　더군다나 조지타운대는 사립대라 학비가 세 배 이상 비쌌습니다. 그렇게 진학 문제를 놓고 딸과 씨름을 하고 있는데 신문에서 '빌게이츠 장학생'을 모집한다는 광고를 보게 되었습니다.

　미국에는 수천 개에 달하는 장학 제도가 있는데, 그중 최고의 장학금은 빌게이츠 재단에서 수여하는 장학금입니다. 이 장학금은 대학 입학부터 박사 학위를 받을 때까지 등록금과 생활비 일체를 지원해 주는 미국 최고의 엘리트 코스 장학금입니다. 그래서 빌게이츠 장학생이 되면 차세대 미국 지도자로 인정받게 됩니다. 경쟁률도 600대 1이나 됩니다.

　그런데 안 목사의 딸이 빌게이츠 장학생으로 선발되었습니다. 딸의 이야기는 미주 시카고판 「중앙일보」에 톱기사로 실리기도 했습니다. 전혀 예상하지 못했던 기적을 맛보게 되었던 것입니다.

　안 목사의 딸을 면담한 빌게이츠 장학 재단의 지도 교수는 딸의 비전을 듣고 이렇게 조언했습니다.

"너는 큰 꿈을 품고 있지만 그것을 이루기 위해서는 보완해야 할 점들이 있다. 그것은 정치인에게 반드시 필요한 사람과의 관계다. 네가 정치를 공부하기 위해 가장 좋은 코스는 영국의 옥스퍼드 대학에 있는 최고 경영자(CEO) 과정에 진학하는 것이다."

영국의 옥스퍼드 대학은 「타임」지가 발표하는 세계 최우수 100개 대학에서 매년 1위를 차지하는 최고의 대학입니다. 그리고 그 대학원의 최고 경영자 과정은 최상의 과정으로 알려져 있습니다. 문제는 그 과정에 들어가기가 보통 어려운 게 아니라는 겁니다. 그런데 딸아이는 빌게이츠 장학 재단의 추천을 받아 옥스퍼드대학 최고 경영자 과정에 입학 허가를 받게 되었던 것입니다.

감사 전도사가 된 사위

안 목사의 딸이 대학에 진학하기 위해 준비하고 있을 무렵 안 목사의 교회에는 한인 1.5세 해병 대원 6명이 출석하고 있었습니다. 이들은 이라크전에 참전한 용감한 청년들이었는데, 안 목사는 이 중 한 명이 자신의 딸과 교제하고 있다는 사실을 알게 되었습니다. 안 목사는 처음에 완강히 반대했습니다. 자신의 딸은 최고의 엘리트 코스를 밟고 있는 중이지만 그 청년은 대학도 안 나온 데다 미래가 불투명한 청년이었기 때문입니다.

  제대를 앞두고 청년은 안 목사를 찾아와서 딸과의 교제를 허락해 달라고 요청했습니다. 안 목사는 "너는 장래성이 없어서 안 된다"고 단칼에 잘라 말했습니다. 수치심에 얼굴이 벌겋게 상기된 청년은 "제가 장래성이 없다고요? 제가 정말로 장래성이 있나 없나 한번 보여 드리겠습니다"라고 하며 돌아갔습니다.

  그때까지 SAT(미국 대학 진학 시험)를 안 치렀던 청년은 2년제 대학에 들어갔습니다. 거기서 '모두 A'의 성적을 받아, 4년제 대학 3학년으로 편입이 되었고, 그리고 대학을 졸업할 때는 단 두 명에게만 수여하는 '수마 쿰라데'에 선정되었습니다. 그 청년은 다시 안 목사를 찾아와 결혼을 시켜 달라고 요청했습니다. 딱히 거절할 명분을 찾지 못한 안 목사는 이번에는 다른 조건을 제시했습니다. 그것은 안 목사의 집에 머물면서 한 달 동안 100감사 훈련을 받으라는 것이었습니다.

  안 목사는 그런 조건을 달면 청년이 제풀에 꺾여 나가떨어질 거라 생각했는데 오히려 청년은 짐을 싸들고 안 목사의 집으로 들어왔습니다. 안 목사는 날마다 100감사를 쓰되 영어가 아닌 한글로 써야 한다고 더 조건을 강화했습니다. 어떻게 해서든 청년이 중간에 포기하도록 만드는 게 안 목사의 전략이었기 때문입니다. 청년은 초등학교 2학년 때 미국으로 이민을 와서 한글이 서툴렀지만 하루에 꼬박 10시간씩

100감사를 써 가며 버티더니 마침내 한 달 간의 100감사 훈련을 통과했습니다. 안 목사도 더는 어쩔 수가 없어서 두 사람의 결혼을 허락하게 되었습니다.

현재 안 목사의 사위는 외무고시를 패스하고 외교관으로 활동하고 있습니다. 사위가 첫 근무지로 발령 난 곳이 몽골의 울란바토르였습니다. 그곳에서 근무하는 동안 전 공화당 대통령 후보이자 월남전의 영웅인 존 멕케인이 대사관을 방문했던 적이 있습니다. 그때 일주일간 사위가 보좌를 했는데 맥케인은 미국으로 돌아가며 이런 말을 남겼다고 합니다.
"자네, 다음에 내가 또 대통령 후보로 나오게 되면 내 보좌관이 되어 줄 수 있겠나? 요즘 젊은이들 가운데 자네만큼 긍정적인 사람을 본 적이 없네!"

사실 안 목사의 사위는 긍정적인 사람이 아니었습니다. 안 목사가 결혼을 극렬하게 반대했던 이유 중 하나도 사위가 너무 부정적이고 비판적인 사람이었기 때문이었습니다. 그런데 그렇게 부정적이던 사람이 감사 훈련을 통해 완전히 긍정적인 사람으로 바뀌게 되었던 것입니다.
감사는 지극히 부정적이던 한 사람의 삶을 완전히 뒤집어 완전히 긍정적인 사람으로 바꿔 놓았던 것입니다. 사위의 성격이 이렇게 바뀌게 된 것 역시 100감사의 위력이라는 것을 잘 알고 있기에 안 목사는 100감사 전도사로 나서게 되었던 것입니다.

최고의 가치

안 목사는 삶의 최고의 가치를 감사에 둡니다. 감사를 위해 모든 것을 바치고 싶다고 말합니다. 물론 목회자이기 때문에 '복음'을 가장 중요하게 생각하지만 복음을 제외하면 감사가 그에게는 최고의 가치입니다. 그래서 안 목사는 미국 목회 생활을 정리하고 한국으로 역이민을 선택했습니다. 현재는 전국 방방곡곡의 군부대와 기업체, 학교와 교회를 방문하며 100감사의 위력을 전파하고 있습니다. 제가 생활하는 강원도 철원까지 내려와서 군부대는 물론 교회를 방문해서 100감사와 5감사 운동을 일으켜 이미 그 열매들이 주렁주렁 달린 것을 직접 두 눈으로 목도하며 안 목사의 열정에 도전을 받았습니다. 저 또한 감사하는 사람들의 모임에 초청을 받아 감사 나눔과 교제의 시간을 갖고 시골 생활을 행복하게 즐기고 있습니다.

안 목사가 생활하고 있는 공간은 원룸 오피스텔입니다. 미국에는 안락하고 널찍한 자택이 있지만 그걸 포기하고 비좁은 원룸에서 생활하고 있습니다. 그런데도 그는 "지금 나는 가장 행복하다!" 외치고 있습니다. 진정한 행복은 물질에 있는 것이 아니라 감사하는 마음에 있다는 것이 안 목사의 지론입니다.

"세상을 떠나는 그 순간까지 감사가 필요한 모든 곳으로 달려가서 100감사의 축복을 나누고 싶습니다. 그것이 나의 마지막 소망입니다."

감사는 하나님으로 하여금
두 번째 은총을
하사하시게 한다.
_ 허릭

CHAPTER. 07

'싸가지'에서 '퍼스트레이디'로

유지미

유지미 씨는 「감사나눔신문」의 기자입니다. 하지만 기자보다는 '퍼스트레이디'로 더 잘 알려져 있습니다. 「감사나눔신문」의 강사로 자신의 감사 경험을 공유해 온 유 기자는 강의를 할 때마다 스스로를 '감사로 싸가지에서 퍼스트레이디로 변모한 유지미'라고 소개하기 때문입니다. 자신의 소개처럼 유 기자는 정말로 감사를 통해 '행복'을 발견한 행복녀입니다. 그 시작은 '100감사의 원조' 안남웅 목사를 만나면서부터였습니다.

불평 많은 '은행녀, 우체국녀'

「감사나눔신문」에 처음 입사했을 때 유 기자의 업무는 경리였습니다. 회사의 입출금 내역을 확인하고 우편물을 보내고 전화를 받는 것이 주 업무였습니다. 하지만 이 일에 만족할 수가 없었습니다. '4년제 대학을 나와서 이런 일이나 해야 되는 거야?' 자신의 일에 불만이 많다 보니 툭하면 은행이나 우체국에 간다는 핑계로 자리를 비웠습니다. 그러고는 사무실 주변 거리를 배회했습니다.

유 기자가 이렇게 자주 자리를 비우다 보니 다른 직원들이 대신 전화를 받아야 했습니다. 그리고 이런 일이 반복되자 다른 직원들의 불만이 터져 나왔습니다. 다른 직원들은 은행과 우체국을 핑계로 툭하면 자리를 비우는 유 기자를 '은행녀, 우체국녀'라며 비아냥거렸습니다.

'인정을 받고 싶다'는 본인의 생각과는 달리 유 기자는 시간이 흐를수록 외톨이가 되었습니다. 화려한 옷을 입고 화장도 진하게 하며 겉모습을 치장했지만 오히려 역효과였습니다. 대학을 졸업하면 좋은 직장에 취업도 하고 때가 되면 결혼도 하리라 생각했지만 현실은 달랐습니다. 특별한 재능이 있는 것도 아니고 성실하지도 못한 그녀를 인정해 줄 사람은 아무도 없었습니다.

안남웅 목사를 만나다

2010년 11월, 유 기자는 안남웅 목사를 만나게 되었습니다. 감사를 주제로 한 특강에서 안 목사는 매일 100감사를 쓰다 보면 감사의 삶이 생활화 된다고 강조했습니다.

"우리의 마음속에는 밝은 횃불이 있다. 다만 그 횃불을 가리고 있는 항아리 때문에 횃불이 빛나지 않을 뿐이다. 감사를 하면 마음속의 항아리가 깨지고 횃불이 그 찬란한 빛을 발하게 된다."

이 말이 유 기자의 마음에 크게 와 닿았고 마침내는 삶을 바꾸는 한마디가 되었습니다. 유 기자는 안 목사의 말을 듣고 매일 100감사 쓰기에 도전했습니다. 한 번도 감사를 해 본 적이 없는 사람이 갑자기 100감사를 하려니 너무도 힘들었습니다. 퇴근해서 집에 가면 두 시간 이상을 끙끙거리며 그날의 감사거리를 찾아내려고 애썼지만 잡념만 생기고 쉽게 감사거리를 찾아낼 수가 없었습니다.

그래서 유 기자는 전략을 바꿨습니다. 감사 노트를 하나 준비해서 항상 가지고 다니기로 했습니다. 그리고 감사거리가 생각날 때마다 그 자리에서 바로 감사 노트에 기록을 했습니다.

처음에는 특별하고 거창한 감사거리들을 찾았지만 시간이 흐르면서 점점 작고 평범한 일상의 감사거리에 집중하게 되었습니다. 그렇게 소소하고 평범한 일상에 감사를 집중하다 보니 따뜻한 햇살, 한 끼의 식사, 한 잔의 음료수, 심지어는 그저 살아 숨 쉬는 것, 지금 내가 일할 수 있다는 것에도 감사하게 되었습니다. 감사의 눈으로 일상을 보니 이전에는 전혀 발견하지 못했던 감사거리들이 보이기 시작했습니다.

변화가 일어나다

그렇게 감사 노트를 쓰면서 유 기자의 삶이 조금씩 바뀌어 갔습니다. 퇴근하면 혼자 시간을 보내며 하루를 되돌아보는 일이 많아졌습니다. 그날 하루 자신의 태도를 반성하고 자신에게 일어났던 감사거리들을 떠올려 보았습니다. 그러면서 자신의 일상에 만족하게 되었고 이전에 자신을 괴롭혔던 많은 문제들이 더 이상 괴로움으로 다가오지 않게 되었습니다.

그러나 매일 100감사를 적는다는 것은 쉬운 일이 아니었습니다. 치열하게 노력해야 가능했습니다. 너무 피곤해서 100가지를 다 채우지 못하고 쓰러져 잠든 날도 있었고 '내가 지금 뭐하고 있는 거지? 꼭 이렇게까지 해야 하나?' 하는 회의가 들어 포기하고 싶은 날도 있었습니다. 그럼에도 불구하고 유 기자는 끝내 포기하지 않았습니다. 자신에게 일어날 기적 같은 변화를 간절히 소망했기 때문이었습니다.

이렇게 감사 쓰기에 지치고 힘들 때마다 큰 도움이 되었던 것은 '감사 파트너'였습니다. 감사 파트너는 서로 감사에 대해 이야기를 나눌 수 있는 사람, 힘든 상황 속에서도 감사의 끈을 놓지 않도록 서로 도울 수 있는 사람을 말합니다. 유 기자는 회사에 감사 파트너가 있었기 때문에 좌절할 때마다 도움을 받고 다시 감사 쓰기를 계속해 나갈 수 있었습니다.

그렇게 감사에 집중하면서 유 기자의 마음도 서서히 마이너스 인생에서 플러스 인생으로 변하게 되었습니다. 스스로의 자신을 인정하게 되었고 자신이 주변의 인정을 받지 못하는 실패자가 아니라 이미 충분히 많은 장점을 가지고 있다는 자신감도 회복하게 되었습니다. 하루의 삶도 예전처럼 지루하거나 짜증 나는 것이 아니라 기쁘고 행복하다는 긍정적인 생각으로 바뀌어 갔습니다.

감사 강사가 되다

11월의 어느 겨울 날, 유 기자는 '행복나눔1.2.5'의 주창자인 손욱 회장과 광양으로 출장을 가게 되었습니다. 그런데 갑자기 손 회장이 유 기자에게 "요즘 무슨 일 있어요? 사람이 좀 달라 보이는데!"라고 물었습니다. 그때 「감사나눔신문」의 김용환 대표가 이렇게 말했습니다.

"유 기자가 요즘 매일 100감사를 쓰고 있어요. 그러면서 불평, 불만이 사라지고 얼굴 표정도 밝아졌어요."

그로부터 한 달 뒤 손 회장으로부터 연락이 왔습니다.

"광양 시청 시무식 때 행복나눔 1.2.5를 강연하게 되었는데 그때 유 기자의 감사 이야기를 해보는 게 어떨까요?"

유 기자로서는 놀라움을 감출 수 없었습니다. 신문사 내에 다른 쟁쟁한 선배들도 많은데 한참 어리고 경험도 부족한 자신에게 그런 제안을 했다는 자체가 강사로 강연을 하고 못하고를 떠나 상상할 수 없는 일이었기 때문입니다. 유 기자는 자신에게 그런 엄청난 일이 일어났다는 것을 믿을 수 없었습니다. 그러나 그것은 엄연한 사실이었고 유 기자가 경험한 첫 번째 기적이라 해도 과언은 아닐 것입니다. 이렇게 해서 '사무실의 싸가지'는 감사를 이야기하는 강사가 되었습니다.

일주일에 두 번씩 강연을 다니면서 유 기자는 정말 많은 사람을 만났습니다. 매번 강의안은 같았지만 강의는 단 한 번도 똑같이 진행되지 않았습니다. 강의를 듣는 사람이 달랐고 서로가 갖고 있는 감사의 경험들이 다르다 보니 매번 다른 이야기로 진행될 수밖에 없었습니다.
　사실 아무런 경험도 없는 유 기자를 강단에 세운다는 것 자체가 회사로서는 큰 모험이었을 겁니다.
　하지만 이 모든 것이 가능했던 것은 아마도 유 기자에 대한 믿음 때문이었을 겁니다. 그걸 알기에 유 기자는 더 성실하고 열정적으로 강단에 섰습니다. 그리고 그녀가 강연을 통해 사람들에게 준 것은 사실 어떤 전문 지식이나 기술이 아니었습니다.

"내가 줄 수 있는 것은 '행복'이었습니다. 매일 감사 쓰기를 하면서 내가 가진 것에 만족하고 감사하게 되었고 하루하루가 행복해졌습니다. 그런 넘치는 감사와 행복을 그들에게 전하는 것이 바로 나의 임무라고 느껴졌습니다. 그래서 나는 매일 감사 일기를 치열하게 썼습니다. 거짓 행복이 아니라 몸으로 느껴지고 기운으로 느껴지는 '진짜 행복'을 전하기 위해 '나작지(나부터, 작은 것부터, 지금부터)'를 실천하려고 노력했습니다."

어머니와의 화해

100감사를 쓰면서 유 기자에게는 많은 변화가 일어났지만 여전히 한 가지 풀리지 않는 숙제가 있었습니다. 바로 어머니였습니다. 어릴 때부터 고집이 세고 자아가 강했던 유 기자는 이중적인 모습을 갖고 있었습니다. 밖에서는 상냥하고 친절한 아이라는 소리를 들었지만 집으로 돌아가면 차갑고 무뚝뚝한 딸이었습니다.

그러면서도 자신을 착한 딸이라고 생각했습니다. 공부를 못한 것도 아니었고 큰 사고를 친 적도 없었기 때문입니다. 대학도 무난히 졸업하고 취직도 했으니, 또 어버이날이나 생일이면 선물도 사 드리고 용돈도 드렸으니 딸로서 할 일은 다 했다고 생각한 겁니다. 여러 가지 소소한 문제로 자주 부딪히기는 했지만 그런 것은 대수롭지 않다고 여겼습니다.

하지만 어머니는 달랐습니다. 유 기자는 어느 날 어머니의 휴대폰에 자신의 이름이 '싸가지'로 저장되어 있는 것을 보았습니다. 처음에는 몹시 화가 났고 어머니에게 문제가 있다고 생각했습니다. 감사할 줄 모르는 어머니를 바꾸기 위해 감사를 강요하기 시작했습니다. 하루는 카페에 앉아 커피 향을 맡으며 어머니에게 문자를 보냈습니다.

'엄마, 오늘은 감사의 향이 물씬 풍기는 날입니다.'

어머니로부터 답장이 날라 왔습니다.

'향은 무슨, 구린내만 난다.'

냉랭한 어머니의 문자에 유 기자는 좌절했습니다.
'내가 아무리 노력해도 달라지는 건 없어. 엄마는 변하지 않아.'
  자신에게 많은 변화가 있었지만 가장 가까운 가족은 그것을 인정해 주지 않는다는 사실이 유 기자에게는 큰 상처로 다가왔습니다. 그런 유 기자에게 김용환 대표가 어머니에게 100감사를 써 보라고 조언해 주었습니다.
  쉽게 20-30개를 적었습니다. 자식으로서 으레 부모님에게 감사할 수 있는 것들이었습니다. 하지만 그 이후부터 어려워졌습니다. 과거의 기억을 되짚으며 머리를 쥐어짜다 보니 갑자기 이런 깨달음이 찾아왔습니다.

'내가 가장 사랑하는 사람은 가족이다. 그런데 내게 가장 큰 상처를 준 사람도 가족이다. 나는 내가 상처받은 것만을 생각하며 엄마를 미워하고 원망했다. 그러나 감사거리를 써 내려가며 엄마가 내게 해 준 것들과 나를 위해 희생한 많은 일들이 떠올랐다. 아, 엄마가 가장 사랑하는 사람이 나구나. 그런데 엄마에게 가장 큰 상처를 준 사람도 바로 나구나!'

어머니에 대한 감사거리를 떠올릴수록 동시에 자신이 어머니에게 주었던 상처와 많은 잘못들이 떠올랐습니다. 많은 사랑을 받았음에도 불구하고 오히려 자신이 받은 작은 상처만 끌어안고 어머니를 원망했음을 깨달았습니다.

자신의 마음속에서 자신은 늘 착한 딸이고 어머니는 언제나 나쁜 어머니였다는 것을 알게 되었습니다. 자신의 기억 속에 어머니는 늘 가해자고 자신은 늘 피해자였습니다. 하지만 문득 보게 된 진실은 달랐습니다. 바로 가해자는 유 기자 자신이었습니다!

어머니에 대한 100감사 중에서

1. 엄마 손을 잡고 처음 무용 학원에 가던 날을 기억합니다. 그 뒤로 나는 음악에 맞춰 내 몸을 움직인다는 게 얼마나 행복한 일인

지 깨닫게 되었습니다. 감사합니다.

2. 엄마는 바빠서 도시락을 만들어 주는 대신 자주 사다 주시곤 했습니다. 바쁘신 와중에도 직접 찾아와 도시락을 건네 주신 고마움은 모르고 투정만 부렸습니다. 그 시절 그것이 엄마의 최선이었다는 것을 이제와 내가 일을 하며 깨닫습니다. 감사합니다.

3. 학창 시절 술에 취해 들어온 나를 꾸짖던 엄마에게 속이 상해 마셨다며 내 진심을 이야기하자 엄마는 매를 거두시고 미안하다고 하셨지요. 감사합니다.

4. '가슴 시리도록 외롭다'는 엄마의 말이 아직도 뇌리에 박혀 있습니다. 숱한 밤 홀로 외로움과 싸우셨을 엄마, 감사합니다.

5. 늘 교육의 중요성에 대해 이야기하셨던 엄마, 덕분에 어려운 집안 형편에도 4년제 대학을 졸업할 수 있었습니다. 감사합니다.

6. 이제 우리에게 줄 것은 기도밖에 없다며 우리를 위해 기도해 주시는 엄마 감사합니다.

7. 어린아이 둘을 데리고 혼자 속 썩으시며 모든 고통을 혼자 감내하신 숭고한 희생에 감사합니다.

8. 자식을 위해 여자로서의 사랑과 삶을 포기하셨던 엄마 감사합니다.

9. 어느 누구 앞에서도 버리지 않았던 자존심을 우리를 위해 버리셨던 엄마 감사합니다.

10. 그럼에도 끝까지 우리를 놓지 않으셨던 엄마의 사랑 감사합니다.

11. 귀신 가면을 쓰고 우리를 놀라게 한 엄마의 유쾌함, 감사합니다.
12. 엄마가 아끼던 반지를 내게 선물해 주셔서 감사합니다.
13. 지금껏 크리스마스 선물 받은 것 중에 엄마에게 받은 곰 인형이 가장 기억에 남습니다. 감사합니다.
14. 엄마가 지어 주신 밥이 그립습니다. 사랑으로 지어 주신 밥, 감사합니다.
15. 치열하게 암세포와 싸워 주신 엄마 감사합니다.
16. 그보다 더 외롭고 고독한 투병 생활을 견뎌 주신 엄마, 감사합니다.
17. 한껏 마른 엄마의 모습을 보며 애타는 어미의 심정을 깨닫게 해 주셔서 감사합니다.
18. 밝은 엄마의 목소리를 들으면 기분이 좋습니다. 감사합니다.
19. 엄마가 살아 숨 쉬는 것, 함께 걸을 수 있다는 것, 음식을 먹고 말을 할 수 있다는 것 모두 감사합니다.
20. '싸가지 없는 딸년'이지만 엄마 딸이라 감사합니다.

퇴근 후 쓰기 시작한 어머니에 대한 100감사는 새벽녘이 되어서야 끝났습니다. 그리고 유 기자와 어머니는 서로를 끌어안고 펑펑 울며 그동안의 서운한 감정을 풀었습니다. 이후 어머니의 휴대폰에 유 기자의 이름은 '퍼스트레이디'로 변경되어 저장되었습니다. 유 기자의 가족은 이제 모두 감사 일기를 쓰고 있습니다. 비 온 뒤에 땅이 굳어지듯

유 기자는 어머니의 사랑을 재확인했습니다. 유 기자는 감사를 통해 자신의 삶에서 가장 중요한 것이 무엇인지를 깨닫게 되었고 '싸가지'에서 진정한 '퍼스트레이디'로 변신하게 되었습니다.

감사는 더하기(+)와 같아서
모든 것에 감사하면
거기에 하나님의 축복이 더해진다.
_ 메튜 헨리

CHAPTER. 08

희망 잃은
청년들에게 전하는
최고의 선물, 감사

이의용

 이의용 교수(국민대)는 원래 '커뮤니케이션 전문가'입니다. 교수가 되기 전에는 쌍용그룹 홍보팀장으로 오랫동안 「여의주」라는 사보를 만들었고 방송 MC로도 활동했습니다. 그런 그가 '감사 전문가'로 탈바꿈한 데에는 신앙이 크게 작용했습니다. 『내 인생을 바꾸는 감사일기』의 저자이고 그 자신이 오랜 세월 감사 일기를 써 온 '생활 감사'의 실천자이기도 합니다. 또 우리나라에서 가장 먼저 오프라 윈프리의 감사 일기를 소개하기도 했습니다.

 이 교수는 다른 감사 전문가들과는 달리 특히 청년들에게 주목합니다. 진로를 고민하는 젊은이들에게 감사 일기의 중요성을 강조하고 감사 일기를 통해 자신의 미래를 설계할 것을 권유합니다. 학교에서는 자신이 가르치는 학생들에게 감사 일기 쓰기를 숙제로 내 '감사 일기 교수'로도 알려져 있습니다.
 커뮤니케이션 전문가란 이력에 걸맞게 이 교수가 주변 사람들에게 감사 일기를 소개하는 방법도 위트가 넘칩니다. 바로 '감을 네 개씩 선물하는 것'(감 네 개=감사)입니다.

자존감 회복의 통로

이 교수는 다른 어떤 사람들보다도 감사가 필요한 사람들은 청년이라고 생각합니다. 아무래도 그 자신이 교육 현장에 있다 보니 인성 교육을 등한시한 채 성공과 경쟁으로만 아이들을 내모는 우리나라의 교육 현실에 대안을 제시하고 싶기 때문입니다. 이 교수는 이런 인성 교육의 핵심이 감사에 있다고 믿습니다.

"우리나라는 인성 교육을 포기한 지 오래되었다. 치열한 경쟁을 뚫고 대학에 들어온 아이들은 입학하는 순간부터 취업 준비에 내몰린다. 대학 4년이 취업을 위한 또 다른 입시 경쟁이다. 미래에 대한 불안감 속에서 오직 경쟁만 하며 성장한 아이들이 몸만 자라 성인이 되고 다시 가정을 꾸린다. 비극은 여기서 잉태된다. 성숙하지 못한 어른이 가정을 꾸리니 그 가정이 온전할 수 없다."

오직 경쟁만 알고 자라 온 아이들에게 진정으로 필요한 것은 자존감입니다. 그래서 이 교수가 생각한 것이 감사 일기였습니다. 교양학부를 맡고 있는 이 교수는 특히 대학교 1학년 학생들을 대상으로 감사 일기를 쓰도록 시킵니다. 신입생 전체가 감사 일기를 쓰고 이것을 조별로 돌아가며 발표하는데, 이런 과정을 통해 학생들의 생각이 많이 바뀌었습니다. 이러한 변화의 핵심은 바로 자신과 자신을 둘러싼 환경을 긍정적으로 인식하는 것입니다. 학생들은 감사 일기를 쓰면서 자신의 가치를 발견하고 인정하게 되며 이를 통해 가족의 소중함도 깨닫게 됩니다.

자존감의 회복과 함께 청년들에게 감사가 중요한 또 다른 이유는 바로 봉사의 의미를 배울 수 있기 때문입니다. 우리가 나 아닌 다른 사람을 도울 수 있는 것은 사실 감사하는 마음이 없이는 불가능합니다. 자신의 삶에 감사할 수 있어야 다른 사람도 도울 수 있기 때문입니다. 이 교수는 감사와 봉사의 관계를 이렇게 설명합니다.

"감사가 있어야 베풂이 나올 수 있다. 내가 받은 것을 다시 남에게 베풀 수 있는 것은 감사하는 마음 때문이다. 감사할 줄 모르는 사람은 아무리 받아도 베풀 줄을 모른다. 오직 욕심의 눈으로만 세상을 바라보기 때문이다. 받았으면 다시 베푸는 것이 인지상정이다. 감사는 베풂을 통해 완성되며 거기 감사의 참뜻이 있다."

감사는 자연스럽게 타인에 대한 봉사로 연결될 수 있습니다. 자신은 늘 빼앗기고 손해만 보며 살고 있다고 믿는 사람은 절대로 남을 돕는 게 불가능합니다. 그런 사람의 마음을 온통 지배하고 있는 것은 피해 의식입니다. 하지만 자신이 주변으로부터 많은 도움을 받았고 그로 인해 감사함을 느낀다면 그것을 되갚고 싶은 것이 우리의 마음입니다. 그러니 감사가 봉사의 뿌리가 되는 것은 지극히 당연한 귀결입니다.

그래서 청년들에게 감사를 가르치는 것은 동시에 봉사를 가르치는 일이기도 합니다.

삶과 신앙이란 이중성의 극복

감사가 청년들에게 중요한 것은 감사가 가져오는 의식의 변화 때문이기도 합니다. 감사는 우리의 의식을 긍정적이고 건강하게 만들어 줍니다. 감사는 절대적인 긍정의 표현이고 현실을 있는 그대로 인정하고 받아들이는 용기입니다. 사실 이러한 의식 변화의 가장 큰 수혜자는 다른 누구도 아닌 이 교수 자신입니다. 이 교수의 고백에 따르면 그 누구보다도 감사 일기가 필요했던 사람은 바로 자기 자신이었다고 고백합니다.

"젊은 시절부터 나는 문제의식이 강했다. 그러다 보니 자연스럽게 비판적 성향이 강했다. 어떤 때는 이런 성향이 한쪽으로 치우쳐 불평불만으로 흐르는 경우도 많았다. 그래서 감사가 꼭 필요했다. 문제의식은 필요한 것이지만 그것이 긍정적 사고와 균형을 이룰 때 진정한 의미가 발생한다. 감사와 문제의식이 조화를 이룰 때 균형 감각이 생기는 것이다. 감사 일기가 나의 그런 부분을 자연스럽게 보완시켜 주었다."

감사의 중요성에 대한 이 교수의 생각은 신앙적인 영역으로 확장됩니다. 기독교 신앙에 있어 감사는 "범사에 감사하라"는 말씀으로 압축될 수 있습니다. 이 말씀은 우리의 삶 전체를 대상으로 하고 있습니다. 평범한 우리의 일상생활이 모두 감사로 채색될 때 "범사에 감사하라"는 말씀은 구체적으로 실천될 수 있습니다. 이 교수는 우리가 이렇게 범사에 감사할 수 있을 때 진정한 하나님의 자녀로 살아갈 수 있다고 생각합니다.

"그동안 교회에서 가르쳐 준 신앙생활은 예배와 교회를 중심으로 한 직분과 봉사 활동들이다. 우리는 여기에 충실하면 되었다. 하지만 난 일상생활도 중요하게 느껴졌다. 어떻게 하면 일상생활도 그리스도인으로서 바르게 살 수 있느냐가 몹시 궁금했다. 그 탐색의 결과로 찾은 키워드가 바로 '감사'였다."

'그리스도인으로서의 올바른 일상생활'을 이 교수는 감사로 파악했습니다. 이런 이 교수의 개인적인 탐색은 시사하는 바가 큽니다. 한국 교회는 그동안 삶과 신앙의 분리, 즉 믿음과 생활이 별개로 움직이는 이중성 때문에 많은 비판을 받아 왔습니다. 이런 상황에서 이 교수는 이런 이원성의 분리를 해소할 수 있는 가장 현실적인 대안으로 '감사'를 제시한 것입니다.

"성경은 감사가 하나님의 뜻이라고 강조한다. '범사에 감사하라 이것이 그리스도 예수 안에서 너희를 향하신 하나님의 뜻이니라'(살전 5:18). 더 나아가 시편 23편 5절도 '내 잔이 넘치나이다'라고 말한다.

쉽게 말해 감사는 '긍정의 잔이 넘친다'는 개념이다. 감사는 긍정의 극치이고 믿음의 결정(結晶)이다. 가장 적극적인 신앙 형태라고 볼 수 있다. 하나님을 사랑하고 이웃을 사랑하는 행위는 감사라는 표현을 통해 완결된다."

이 교수의 주장처럼 그리스도인이 참다운 그리스도인으로 거듭나는 것은 사실 감사와 섬김을 전제로 한 것입니다. 감사와 섬김이 빠진 믿음은 이기적인 기복 신앙으로 전락할 수 있습니다. 그래서 감사의 중요성은 거듭 강조될 수밖에 없습니다.

이의용 교수가 알려 주는 감사 일기 쓰기의 효과

감사 일기를 쓰면 우리는 변화를 경험하게 됩니다. 그 변화는 개인마다 다 다르지만 중요한 것은 '변화한다'는 것입니다. 그럼 감사 일기를 쓸 때 어떤 변화들이 일어날까요? 이 교수가 정리해 준 감사 일기 쓰기의 효과는 이렇습니다.

- 사람을 대하는 눈이 달라진다.
- 삶을 대하는 태도가 달라진다.
- 부부싸움이 줄고 아내가 더 예뻐 보인다.
- 전에는 모르고 지냈던 계절의 변화가 느껴진다.
- 매일 똑같은 일상인 줄 알았는데 그 속에 숨어 있는 작은 행복을 발견한다.
- 가족과 주위 사람들에게 감사를 표하는 횟수가 늘어난다.
- 부모님의 은혜를 새삼 깨닫게 된다.
- 내 삶에 희망이 있다고 느껴진다.
- 내가 살아 있다는 것 그 자체만으로도 감사를 느끼게 된다.
- 과거의 상처나 슬픔이 덜 아프게 느껴진다.
- 전에는 느끼지 못하던 삶의 기쁨이 느껴진다.
- 전보다 나의 삶이 행복하게 느껴진다.
- 나쁜 상황에 처했을 때 전보다 긍정적으로 생각하게 된다.
- 주변 사람들로부터 전보다 밝아졌다는 이야기를 자주 듣는다.
- 웃는 횟수가 많아진다.
- 화를 내는 횟수는 줄어든다.
- 삶의 에너지가 증가한다.
- 사람들을 칭찬하거나 고마움을 표현하는 횟수가 늘어났다.
- 관계가 불편한 사람과 관계를 개선하려는 노력을 더 자주 하게 된다.

- 다른 사람에게서 좋은 점을 자주 발견한다.
- 다른 사람의 소중함을 느끼게 된다.
- 내 주위에 나를 돕는 사람이 많다는 것을 알게 된다.
- 내가 갖고 있는 것이 많다는 생각을 하게 된다.
- 내가 할 수 있는 것이 늘어난다.
- 자신이 멋지게 느껴진다.
- 현재가 만족스럽게 느껴진다.
- 자신이 성장할 수 있다는 믿음을 갖게 된다.

비위에 맞을 때 하는 수천 번의 감사보다
이와 어긋날 때 드리는
한 번의 감사가 더 값지다.

_ 아빌라

CHAPTER. 09

감사편지가
맺어준 결혼

조창석

감사는 끊어질 뻔한 인연도 이어 줍니다. 조창석 장로(일산은혜교회)의 경우가 그렇습니다. 조 장로의 감사 편지가 서로 사랑하던 두 젊은이를 위기의 상황에서 아름다운 사랑의 결실을 맺을 수 있도록 다리가 되어 주었습니다.

예비 며느리에게 쓴 감사 편지

조 장로에게는 아들이 한 명 있습니다. 자동차 정비 업체에서 일하는 30대 청년입니다. 아들에게는 결혼을 약속하고 교제하던 여자친구가 있었습니다. 하지만 그녀의 아버지는 평소 사윗감으로 공무원을 생각하고 있었습니다. 아들이 처음으로 여자친구 부모님에게 인사를 갔는데 그 아버지는 대놓고 "난 공무원 사윗감을 기대했는데……"라고 섭섭한 마음을 드러냈습니다.

아들은 많이 당황했습니다. 이야기를 전해 들은 조 장로도 많이 당황했습니다. 남들이야 어떻게 생각하든 부모로서는 자기 자식이 세상에서 제일 귀하게 느껴지지 않겠습니까? 그런데 그런 귀한 자식이 여자친구 집에서 '넌 자격이 부족해'라는 평가를 받았으니 얼마나 섭섭했겠습니까? 감정대로라면 '그래, 그럼 잘난 사위 맞아라, 나도 내 귀한 아들 별로 주고 싶지 않아', 뭐 이런 식으로 막 나갈 수도 있는 일 아니겠습니까?

하지만 새벽 기도에 참석했던 조 장로는 마음을 고쳐먹었습니다. "주변 사람들에게 감사 편지를 써 보라"는 담임 목사님의 설교를 듣고 첫 번째 감사 편지를 '예비 며느리'에게 쓰기로 한 것입니다. 화려한 글은 아니었지만 진심을 담은 소박한 감사 편지를 아들의 여자친구에게 주었습니다. 그때가 바로 추석 직전이었는데, 아들의 여자친구는 이 편지를 가족과 일가친척들이 모인 자리에서 공개했습니다. 이 편지가 큰 호응을 얻었습니다. 친척 어른들은 "저 정도 집안이라면 우리 지연이(아들 여자친구 이름)를 주어도 괜찮을 것 같다. 시부모 될 사람들이 저렇게 지연이를 예뻐하니 안심이 된다"고 기뻐했습니다.

그 편지의 내용은 이러했습니다.

〈사랑하는 예비 며느리 지연에게〉

우리 교회에서 지난 3주 동안 『평생감사』(실천편)를 가지고 새벽 기도를 했는데 참으로 은혜롭고 귀한 시간이었다. 새벽 기도를 시작하기 전에 나는 신앙 성장을 위해 하루 세 번 기도하고, 특히 잠자리에 들기 전에 한 시간 정도 말씀을 묵상하며 하나님 아버지께서 오늘 하루 나를 어떻게 인도하셨는지 돌아보는 귀한 시간을 갖고 감사 일기를 쓰기로 결심했단다.

하지만 부끄럽게도 바쁜 일상을 핑계로 이 약속을 제대로 실천하지 못했단다. 그래도 중요한 것은 지금부터라도 실천하는 것이라고 생각하고 다시 노력하는 중이란다. 날마다 기도하고, 감사 일기를 쓰고, 한 달에 한 번 이상은 감사 편지를 쓰기로 마음먹었단다.
그리고 첫 번째 감사 편지는 새로 우리 가족이 될 지연이에게 쓰기로 했단다. 우리 가족은 오래전 『평생감사』를 읽고 많은 감동을 받았고, 감사 생활을 실천하려고 했는데 잘 실천하지는 못했단다. 하지만 이번 새벽 기도회에서 큰 은혜를 받고 다시 감사 생활을 하기로 작정했단다.

우리 며느리가 될 지연이에게도 함께 감사의 삶을 살자고 도전하고 싶구나. 혼자 하면 힘들지만 같이 격려하며 노력하면 성공할 확률도 배가 되리라 생각한다. 특별히 용태(조 장로의 아들)가 쓰던 '평생감사 365일 노트'를 편지에 동봉하니 이어서 지연이도 감사 일기를 썼으면 한다. 처음부터 너무 어려운 부탁을 하는 것 같아 미안하구나. '감사는 훈련이고 습관'이라고 하더구나. 처음에는 많이 힘들고 어렵겠지만 나중에 나에게 감사할 날이 올 것이라고 믿는다.
내가 지연이에게 감사한 것은,

1. 주님을 믿는 믿음의 한 가족이 된 것에 감사한다.
2. 내 눈에는 용태가 많이 부족한데 그런 용태를 사랑해서 결혼까지 결심해 준 데 감사한다.
3. 예쁜 게 결혼의 조건이 될 수는 없지만, 그럼에도 불구하고 예쁜 지연이에게 감사한다.
4. 너무도 착한 지연이의 마음씨에 감사한다.
5. 우리 부부를 잘 따라 준 것에 감사한다.

지연아, 결혼을 하면 너희 둘은 이제 한 몸이라는 사실을 항상 기억하기 바란다. 연애할 때는 쉽게 넘어갈 수 있었던 일도 결혼하면 쉽게 넘어가지 못하고 싸울 수 있단다. 그러니 늘 하나님의 자녀라는 것을 되새기며 허물은 덮어 주고 서로 사랑하고 이해하며 살기를 바란다. 너희 둘이 모든 어려움을 극복하고 하나님이 기뻐하시는 가정 이루기를 기도한다.

부족한 예비 시아버지가

9. 감사편지가 맺어준 결혼

편지 쓴 지 6개월 만에 결혼

이 편지를 쓴 지 6개월 만에 두 젊은이는 결혼을 해서 부부가 되었습니다. 그리고 결혼 1주년이 되던 날, 조 장로 내외와 아들 부부는 함께 경주로 여행을 갔습니다. 조 장로 내외는 축하 케이크와 미리 준비한 감사 편지를 아들 부부에게 주었습니다. 이 여행이 조 장로 가족에게 어떤 의미를 지닌 여행이었는지는 굳이 더 설명할 필요가 없을 겁니다. 감사하는 마음이 만들어내는 풍경은 언제나 따뜻하고 아름답습니다. 아들 부부에게 준 조 장로 내외의 감사 편지는 이랬습니다.

〈사랑하는 지연이 그리고 용태에게〉

지연아, 그리고 용태야, 너희들이 결혼한 지 벌써 1년이 지났구나. 너희를 볼 때마다 나는 '진실로 하나님이 맺어 주신 짝이구나' 하는 생각을 한단다. 결혼 1주년 축하한다!

내가 지연이와 용태에게 감사한 것은 요즘 젊은이답지 않게 신앙적인 삶을 사는 모습이다. 요즘 젊은 사람들은 자신의 행복을 위해 결혼도 하지 않고 아이도 낳지 않은 채 자신만을 위해 사는 경우가 많은데, 지연이와 용태는 자신들이 가장 행복해야 할 시간을 하나님의 말씀(창 1:27-28)에 순종해 사랑이를 임신하고, 감기가 걸려도 약을 먹지 않은 채 모든 어려움을 이겨내는 모습이 대견스럽기도 하고, 미안하기도 하고, 고맙기도 하구나.

지연아, 이제 27일 정도 있으면 사랑이를 출산해야 하는데 기쁘기도 하고 기대도 되겠지만, 다른 한편으로는 두렵기도 할 것이다. 하지만 아무 걱정 말고 하나님의 말씀만 붙들기 바란다.

로마서 8장 18절 말씀을 보니 "생각하건대 현재의 고난은 장차 우리에게 나타날 영광과 비교할 수 없도다"라고 하시는구나. 지연이도 앞으로 태어날 사랑이를 생각하면서 모든 두려움을 이겨내기 바란다.

나는 두렵고 떨리고 힘들 때면 찬송가 412장을 부르며 마음의 평화를 찾는단다.

"내 영혼의 그윽히 깊은데서 맑은 가락이 울려 나네. 하늘 곡조가 언제나 흘러나와 내 영혼을 고이 싸네. 평화, 평화로다. 하늘 위에서 내려오네. 그 사랑의 물결이 영원토록 내 영혼을 덮으소서."

지연이와 용태를 위해 항상 우리 부부가 기도하고 있다는 것을 잊지 말기 바란다. 지연이와 용태가 하늘나라 가는 그날까지 지금처럼 항상 감사하고 하나님의 축복을 넘치도록 받는 행복한 가정 꾸리기를 바란다. 마지막으로 지연이와 용태의 가정에 축복이 임하길 기도하며 시편 128편 말씀을 선물하고 싶구나.

"여호와를 경외하며 그의 길을 걷는 자마다 복이 있도다 네가 네 손이 수고한대로 먹을 것이라 네가 복되고 형통하리로다 네 집 안방에 있는 네 아내는 결실한 포도나무 같으며 네 식탁에 둘러 앉은 자식들은 어린 감람나무 같으리로다 여호와를 경외하는 자는 이같이 복을 얻으리로다 여호와께서 시온에서 네게 복을 주실지어다 너는 평생에 예루살렘의 번영을 보며 네 자식의 자식을 볼지어다 이스라엘에게 평강이 있을지로다"

지연이 그리고 용태를 사랑하는
아버지, 어머니가

자연에 감사

우리 눈앞에 피는 아름다운 꽃들과
향기롭고도 고운 연한 풀들과 새들의 노래와 별들의 역사와
그 밖에 우리가 보고 듣는 모든 아름다운 것을 주신
하늘 아버지께 감사를 드립니다.

맑은 시내와 푸른 하늘과
높은 가지들 밑의 놀기 좋은 그늘과
신선한 공기, 서늘한 바람과 아름다운 꽃을 피우는 나무들을 주신
하늘 아버지께 감사를 드립니다.

_ 에머슨 시인

CHAPTER. 10

감사는
가장 현명한 선택

한 건 수

한건수 대표는 '불평 없는 세상 만들기' 한국 본부 대표입니다. 단체 이름이 재미있죠? '불평 없는 세상 만들기', 그런데 이 단체를 이해하려면 먼저 '불평 없는 세상 캠페인'을 이해해야 합니다. '불평 없는 세상'은 2006년 미국의 한 작은 교회에서 시작된 캠페인입니다. 이후 전 세계적으로 퍼져 나가 세계 80여 개 국, 1000만 명 이상이 참여하는 대형 프로젝트가 되었습니다. 우리나라에서도 2009년 『불평 없이 살아보기』라는 제목으로 관련 도서가 번역, 출판되었고 한국 본부는 2010년 설립되었습니다. 한건수 대표는 바로 이 한국 본부의 대표입니다.

불평이 사라지면 감사가 나타난다

아마 많은 분들이 기억할 겁니다. 한동안 유행했던 보라색 고무 밴드. 이 고무 밴드는 한쪽 팔목에 끼우고 있다가 내가 불평을 할 때마다 다른 쪽 팔목으로 옮기고, 옮긴 날부터 다시 날짜를 세서 21일을 채우는 캠페인이었습니다. 즉 21일 동안 불평을 하지 않으면 성공하는 프로그램이었고 이것을 쉽게 기억하기 위해 팔목에 고무 밴드를 찼던 것입니다.

한쪽 팔에 차는 보라색 밴드는 행복한 선택을 위한 보조 수단에 불과하지만 눈으로 직접 관찰함으로써 불평 습관을 고치는데 강한 동기 부여를 제공하는 효과를 가져왔습니다. 이 캠페인을 전개하며 전국 교회와 단체들에 보라색 고무 밴드를 제공했던 단체가 바로 '불평 없는 세상 만들기' 한국 본부입니다.

이 캠페인에서 중요한 건 '21일'이라는 날짜였는데, 왜 21일이 중요했느냐 하면 21일만 불평을 하지 않으면 그것이 습관으로 자리 잡을 수 있기 때문이었습니다. 한건수 대표가 설명하는 '불평의 네 단계'는 다음과 같습니다.

1단계 : 의식하지 못하고 불평하는 단계

우리가 일상에서 경험하는 사건 사고가 그렇게 자주 일어나지 않듯 우리 삶에서 불평할 일 또한 자주 일어나는 것은 아니다. 하지만 우리는 불평을 할 만큼 상황이 나빠지지 않아도 기계적으로 불평을 할 만큼 불평은 우리들의 습관이 되었다. 보라색 고무 밴드를 옮기다 보면 자신이 얼마나 자주 불평을 하고 있는지를 알게 된다.

2단계 : 의식하면서 불평하는 단계

그렇다면 우리는 왜 불평을 할까? 그 이유는 쉽기 때문이다. 불평은 직접적으로 문제를 해결하기 보다는 그 이유만 찾기 때문에 별다른 노력을 하지 않아도 쉽게 불평하게 된다. 하지만 불평은 주변 사람들을 멀어지도록 만든다.

3단계 : 의식하면서 불평하지 않는 단계
이 단계는 이전보다는 밴드를 덜 옮기게 된다. 자기도 모르게 불평을 내뱉는 순간 웃음을 터뜨리면서 더 나은 표현 방법을 찾기 위해 노력하는 단계이다. 이 단계에서는 비판의 말을 삼가야 하는데, 비판의 대상이 되는 태도나 행동을 변화시키기보다는 오히려 강화하는 결과를 초래하기 때문이다.

4단계 : 의식하지 않아도 불평하지 않는 단계
불평하지 않는다는 것은 그저 행동을 바꾸는 것이 아니라 우리의 마음과 인생을 바꾸는 것이다. 주변의 누군가가 불평을 하기 시작하면 자신의 마음이 얼마나 불편해지는지를 깨닫게 될 것이다. 당신은 아주 사소한 것에도 감사의 마음을 느끼기 시작할 것이다.

위의 내용을 살펴보면 결국 '불평하지 않기'는 '감사하기'의 또 다른 형태라는 것을 알게 됩니다. 불평은 자신에게 주어지는 상황에 대해 부정적으로 반응하는 방식이고 이런 태도를 버릴 때 찾아오는 것이 감사입니다. 결국 '불평 없는 세상 만들기' 캠페인은 그 밑바탕에 감사를 깔고 있습니다. 삶에서 불평을 제거함으로써 감사를 가져오기 위한 활동의 일환이라는 것입니다.

감사란 삶을 대하는 우리의 태도

감사든 불평이든 그것은 동일하게 우리가 삶을 대하는 태도입니다. 감사를 선택하든 불평을 선택하든 그것은 개인의 자유이지만 그것이 가져오는 결과는 판이하게 다릅니다. 감사는 행복을 가져오지만 불평은 불행을 초래합니다.

우리의 선택 여하에 따라 삶의 결과 역시 달라진다는 사실을 한건수 대표는 '당신은 콜라입니까, 물입니까?'란 칼럼에서 재미있게 설명하고 있습니다. 이 글을 보면 상황은 동일하지만 그것을 어떻게 대하고, 어떻게 해석하느냐에 따라 결과의 차이가 사뭇 다르다는 것을 잘 보여줍니다.

"오늘은 우리 아이의 성적표가 나오는 날입니다. 성적표를 보니 '수, 수, 우, 우, 미, 양, 우'라고 적혀 있네요. 이 성적표를 보는 여러분의 눈길은 어디로 향할까요? 그렇습니다. 바로 '양'입니다. 이쯤 되면 '수'나 '우'는 잘 보이지 않습니다. 오직 '양'만 크게 보일 뿐입니다.

이때 부모의 마음은 어떨까요? 마치 세차게 흔든 후에 기포로 가득 찬, 곧 터질 것 같은 콜라와 같지 않을까요? 병 속에 가득 찬 기포는 화가 난 부모의 부정적인 마음을 잘 표현해 주는 것 같습니다. 바로 이때 병뚜껑을 따면 어떻게 될까요? 아마도 콜라를 흔든 후에 주변 사람들에게 다가가 따리는 시늉을 하면 모든 사람들이 놀라며 피할 겁니다.

하지만 물은 어떻습니까? 생수 한 병을 손에 들고 세차게 흔든 다음에 따는 시늉을 하면 누구도 피하지 않습니다. 생수는 어떻게 따든 다른 사람들에게 피해를 주지 않기 때문입니다. 물은 어떤 상황에서도 고요합니다. 그리고 갈증을 느끼는 사람의 목을 시원하게 축여줍니다.

여러분은 외부의 자극에 어떤 식으로 반응합니까? 콜라와 같습니까, 아니면 물과 같습니까?

'그렇게 밖에 못해?'
'네가 하는 게 맨날 그렇지!'
'공부 안 하고 놀기만 하더니 내 그럴 줄 알았다.'
'과외는 받아서 뭐하나?'

우리는 많은 상황에서 기포가 가득 찬 콜라처럼 언제 터질지 모르는 두려운 존재로 살 때가 많습니다. 이런 콜라 같은 행동이나 말들

을 '불평'이라고 표현합니다. 콜라처럼 반응하는 것의 문제점은, 그 반응 자체가 문제를 전혀 해결해 주지 못한다는 것입니다. 왜냐하면 부정적 행동은 우리가 원하는 해결책과 점점 멀어지게 만들기 때문입니다.

하지만 동일한 상황에서도 잘한 것에 집중해 문제를 해결하는 부모도 있습니다. 예를 들면, '수'에 대한 것을 먼저 이야기하며 인정과 칭찬을 아끼지 않습니다. 그런 후 어떤 과정에서 좋은 성적을 받았는지에 대해서 자녀에게 질문합니다. 아이는 시원한 물을 마시듯 표정에서 기쁨을 발산합니다. 그리고 '양'에 대한 것까지 자연스럽게 대안을 찾아갑니다. 스스로 도전해 보고 해결해보려 합니다.

콜라와 물, 두 선택의 결과는 어떠할까요? 지금 당장의 결과가 아니라 5년 후, 10년 후 아이의 모습은 어떠할까요? 많은 재능이 있지만 그것을 발견하지 못한 채 약점 속에서 자존감이 낮아진 모습과, 별로 재능이 없어 보이지만 몇 가지 강점을 극대화해서 높은 자존감 속에서 살아가는 모습, 그 선택의 중심에는 무엇이 있을까요?

바로 대상에 대한 감사의 마음입니다. 아이의 성적이 아니라 아이라는 존재 그 자체에 대한 감사를 생각해 보십시오. 그리고 오늘부터 존재에 대한 감사를 표현해 보는 건 어떨까요?"

이 칼럼을 통해 한 대표가 말하고 싶은 것은 결국 우리는 선택할 수 있다는 것입니다. 감사를 선택하면 거기에 상응하는 결과가, 불평을 선택해도 그에 상응하는 결과가 나올 것입니다. 하지만 그 결과가 빚어낼 파급 효과는 전혀 다릅니다.

도스토옙스키는 1864년 『지하에서 온 편지』에서 안타깝게도 인간에 대한 정의를 이렇게 기록했습니다.

"인간이 바보가 아니라면 어떻게 이토록 터무니없을 정도로 감사할 줄 모르는가! 이상할 정도로 감사할 줄 모른다. 사실 나는 인간에 대한 최고의 정의가 '감사할 줄 모르는 두 발 달린 동물'이라고 생각한다."

'불평 없는 세상 만들기'는 이처럼 본능적으로 불평하고 이상할 정도로 감사할 줄 모르는 인간들을 위해, 너무 쉽게 불평을 선택하고 불행한 삶을 살고 있는 이들을 향해 불평 대신 감사를 선택하고 불행 대신 행복을 선택하도록 하는 운동입니다. 우리 역시 우리의 일상생활에서 감사를 선택하고 행복한 삶을 살 수 있습니다. 세상에서 가장 현명한 선택은 감사입니다. 감사와 불평의 중립적 입장은 없습니다.

감사하지 않는 사람들은 곧 모든 것을 불평하기 시작합니다. 영어로 3C 즉 비난(Criticize), 비평(Condemn), 불평(Complain)을 자주 언급하는 사람과 사귀면 불행을 당하기 쉽지만 반대로 항상 감사하는 사람과 사귀면 만사가 행복하다는 이야기가 있습니다. 감사하는 사람에겐 매사가 감사로 귀결되고 불평하는 사람에겐 매사가 불만으로 끝이 납니다. 따라서 감사하는 사람에겐 마음의 평화가 깃들게 되고 불평하는 사람에겐 마음의 고통이 자리 잡게 되어 있습니다. 스스로 행복해지고 주변 사람도 행복하게 만드는 선택, 그것은 바로 불평 없이 살아보기의 적극적인 표현, 감사입니다.

감사할 줄 모르는 사람을 벌하는 법은 없다.
감사할 줄 모르는 삶 자체가 벌이기 때문이다.
_ 라이피 곱스

THANKS
감사가 내 인생의 답이다

PART. 03

감사에 숨겨진
놀라운 비밀

CHAPTER. 11

강대상에 오른
감사 일기

이 권 희

감사는 우리가 삶 속에서 '배우고 경험하는 것'입니다. 이권희 목사(신일교회)는 어린 시절 주일 학교 선생님과 부모님으로부터 감사를 배웠고, 목회자가 된 다음에는 교회의 성도들과 감사를 실천하면서 감사의 기쁨을 경험했습니다. 그리고 그 경험은 교회를 성장시키는 힘이 되었습니다. 추수감사절에 신일교회 강대상에 오른 80권의 감사 일기는 이 목사가 직접 경험했던 감사의 놀라운 증거입니다.

집에 불이 나도, 감사

이 목사가 감사에 처음으로 눈을 뜬 것은 고등학교 2학년 때입니다. 이 목사는 당시 어느 교회 고등부에 출석하고 있었는데, 이 고등부의 담당 교사가 김** 집사였습니다. 김 집사는 당시 마포중학교 교장이었고 부인은 동구여상 교사로 부부가 함께 교사 생활을 하고 있었습니다. 그런데 이 부부의 신앙이 학생들의 존경을 받을 만큼 깊고 신실했습니다.

어느 주일 아침, 고등부 예배를 드리고 있는데 갑자기 김 집사가 밖으로 나가 버렸습니다. 예배를 마친 후 분반 공부를 해야 하는데 교사가 없어 학생들은 매우 당황했습니다. 그때 누군가가 이렇게 알려 주었습니다.

"선생님 댁에 불이 나서 선생님께서 황급히 나가셨다."

학생들은 선생님을 위해 기도하고 집으로 돌아갔습니다.
다음 주일, 김 집사는 평소와 다름없이 교회에 나왔습니다. 학생들은 특별한 기색이 없는 선생님의 모습에 안도의 한숨을 내쉬었습니다. 그날 헌금 시간에 전도사가 이렇게 광고했습니다.

"김** 집사님, 감사 헌금 드리셨습니다."

당시는 예배 시간에 감사 헌금을 한 사람의 이름을 밝히는 것이 관례였습니다. 그 말을 듣는 순간, 이 목사는 충격을 받았습니다. '아니, 집에 불이 났다면서 무슨 감사 헌금일까?' 상황이 잘 이해되지 않았습니다.

예배가 끝나고 분반 공부 시간이 되자 선생님이 말씀하셨습니다.

"지난주 예배 시간에 우리 집에 불이 났다. 하지만 다섯 식구 모두

교회에 나와 있었기에 아무도 다치지 않고 안전할 수 있었다. 이것이 감사해서 감사 헌금을 했다."

이 목사는 처음으로 감사가 무엇인지를 깨닫게 되었습니다.

부모님을 통해 깨달은 감사

이 목사가 감사를 발견한 또 다른 계기는 부모님을 통해서였습니다. 당시 이 목사의 부모님은 서울 정릉에서 쌀가게를 하고 있었습니다. 가게의 단골손님들은 주로 혜화동과 삼선교, 성북동 쪽에 살아서 이 목사의 아버지는 자전거로 쌀가마를 배달해야만 했습니다. 정릉에서 혜화동 쪽으로 배달을 가려면 '단장의 미아리 고개'를 넘어야 합니다. 쌀 반 가마(40킬로그램)까지는 아버지 혼자 배달 할 수 있지만 한 가마는 어려웠습니다.

한 가마를 배달할 때 이 목사의 아버지는 이 목사를 불렀습니다. 미아리 고개를 다 넘을 때까지 이 목사는 뒤에서 아버지의 자전거를 밀어야 했습니다. 사춘기로 한창 예민했던 이 목사는 이게 싫었습니다. 친구들 눈에 띌까 봐 창피했던 겁니다.

1988년 1월, 아버지는 배달을 나갔다가 그만 눈길에 미끄러져 허리를 다쳤습니다. 배달을 할 수 없었고 결국 쌀가게는 문을 닫고 말았습니다. 다행히도 몇 개월 뒤 새로운 직장을 얻게 되었지만 월급이 아주 적었습니다. 그럼에도 불구하고 이 목사의 아버지는 감사한 마음으로 열심히 출근했습니다.

그러던 어느 날, 이 목사는 안방의 자그마한 경대에서 몇 개의 헌금 봉투를 발견했습니다. 거기에는 십일조, 감사 헌금, 선교 헌금, 장학 헌금이 각각의 봉투에 넣어져 가지런히 놓여 있었습니다. 이 목사의 어머니는 넉넉지 못한 살림 가운데서도 남편이 월급을 받아 오면 제일 먼저 십일조를 떼고 그 다음에 반드시 감사 헌금을 드리셨던 것입니다. 어려움 가운데서도 감사를 잊지 않으셨던 부모님의 삶은 감사란 넉넉한 가운데서만 하는 것이 아니라 어려운 가운데에서도 할 수 있다는 것, 아니 어려운 가운데서도 해야만 한다는 것을 삶으로 가르쳐 주신 값진 가정 교육이었습니다.

전 교인 감사 일기 쓰기

이 목사가 담임하고 있는 신일교회는 서울시 금천구에 자리하고 있습니다. 금천구는 서울 시내 25개 구 가운데 재정자립도가 낮은 곳으로 낙후되어 있습니다. 교회 주변은 다세대주택들이 밀집되어 있고 인구의 유동도 심한 편입니다. 그러다 보니 신일교회 성도 가운데는 경제적으로 어려운 사람들이 참 많습니다.

신일교회에 부임한 이 목사는 2002년부터 제자 훈련을 시작했습니다. 가장 먼저 장로들을 훈련시켰는데, 이 과정에서 고(故) 유** 장로가 보여준 변화는 잊지 못할 기억으로 남아 있습니다. 유 장로는 교회에서 '법통'으로 통할 만큼 매사에 따지기를 좋아하는 원칙주의자였습니다. 전임 목회자 때는 당회를 하기 전에 헌법을 한 장씩 읽고 당회를 했다는 웃지 못 할 에피소드의 주인공입니다.

그런 유 장로가 제자 훈련을 받으면서 성경 암송을 너무도 열심히 했습니다. 그러던 어느 날, 예배가 끝난 후 교회 계단에서 마주친 유 장로는 갑자기 이 목사를 끌어안으며 "목사님, 사랑합니다! 감사합니다!"라고 말했습니다. 감동한 이 목사는 눈시울이 뜨거워졌습니다. '사람이 이렇게도 달라질 수 있구나……' 그 후 유 장로의 얼굴은 완전히 바뀌어 늘 웃으며 감사하는 사람이 되었습니다.

2010년 12월 이 목사는 전 교인 앞에서 이렇게 선포했습니다.

"2011년부터 우리 교회는 전 교인 감사 일기 쓰기를 하겠습니다!"

그리고 전 교인에게 감사 일기 노트를 나눠 주었습니다. 목장 모임에서도 감사 나눔을 하기로 하고 추수감사주일에 교인들이 쓴 감사 일기장을 하나님께 바치기로 했습니다. 매일 감사 일기를 쓴다는 것이 절대로 쉬운 일은 아니었지만 이 목사와 교인들은 함께 꾸준히 감사 일기를 썼습니다.

드디어 그해 추수감사절, 신일교회는 추수감사 제물로 80여 권의 감사 일기를 바쳤습니다. 비록 전교인이 참여하지는 못했지만 매년 드렸던 과일과 곡식보다 훨씬 더 의미 깊은 제물이었습니다. 그리고 성도들은 감사 일기를 쓰면서 삶의 변화를 경험하기 시작했습니다. 지금 소개되는 신일교회 교인의 감사 일기 내용은 감사 일기를 통해 우리의 삶이 얼마나 크게 변화할 수 있는지를 잘 보여줍니다.

죽음의 두려움을 이긴 감사 일기

신일교회 박** 권사는 초등학교 교사 출신으로 아주 현숙하고 인자한 분이었습니다. 어르신들의 모임인 소망부 부장으로 열정적으로 봉사했고 헌신적이어서 모든 사람들로부터 인정받는 일꾼이었습니다.

그런데 2008년 가을, 박 권사는 췌장암 선고를 받았습니다. 췌장암은 발견되면 대개의 경우 1년 안에 사망하는 '나쁜 암'입니다. 가족뿐만 아니라 모든 성도들이 깜짝 놀랐습니다. 하지만 정작 본인은 침착하고 담담하게 자신의 질병을 받아들였습니다. 치료가 시작되었고 온 교인이 권사님을 위해 기도했습니다.

그렇게 3년의 세월이 흘렀습니다. 2011년 봄, 박 권사의 체력이 현저하게 떨어지기 시작했습니다. 박 권사는 안양에 있는 샘병원 호스피스 병동으로 옮겨졌습니다. 이 목사가 심방을 갔는데 박 권사가 병실에 없었습니다. 물어보니 답답해서 바람을 쐬러 나갔다는 것이었습니다. 그래서 기다리고 있는데 병원 원목이 병실로 들어왔습니다.

그런데 병원 원목으로부터 이 목사는 놀라운 이야기를 들었습니다. 박 권사가 감사 일기를 쓰고 있다는 이야기였습니다. 고통스런 항암 치료 가운데서도 박 권사는 꾸준히 감사 일기를 쓰고 있었던 겁니다. 박 권사는 그해 7월 결국 하나님의 부르심을 받았습니다.

박 권사가 세상을 떠난 후 이 목사는 중국에 있는 권사님의 딸을 통해 박 권사의 감사 일기를 전해 받았습니다. 박 권사의 감사 일기는 7월 8일자가 마지막 기록이었습니다. 그 마지막 감사 일기를 읽으며 이 목사는 감동의 눈물을 흘렸습니다.

1월 3일(월)
초음파 사진 결과를 보러 갔는데 역시 암이란다. 자궁 경부와 내막에 암이 있는데 전이 여부를 알기 위해서는 PET를 찍어야 한단다. 1월 11일로 예약할 수 있음에 감사. 오늘은 특히 아랫배가 너무 아팠다. 힘들지만 주님께 기도할 수 있음에 감사. 통증이 너무 심해 욥을 떠올려 봤다. 욥에 비하면 내 고통은 아무것도 아니기에 기도로 감사한다.

7월 8일(금)

평생 감사 노트를 쓰리라 다짐한 대로 천국 가는 그날까지 주님께 감사할 수 있는 마음 주시길 간구한다. 딸이 옆에 있으면 마음이 든든하다. 저녁 늦게는 아들이 와서 밤을 새워 준다니 그저 고맙고 든든하고 감사한 마음뿐이다. 내일 모레가 남편 생일인데 어찌하면 좋을지……. 아버지 마음에 흡족한 자녀들이 될 수 있기를 기도한다.

박 권사는 병석에서도 감사를 잊지 않았습니다. 감사로 항암 치료의 지독한 고통과 죽음의 두려움을 극복했던 것입니다. 이것이 바로 세상이 감당할 수 없는 감사의 능력입니다.

깊이 생각하면 감사할 수밖에 없다

신일교회는 예배 시간에 헌금 바구니를 돌리지 않고, 자발적으로 헌금함에 드리도록 하고 있습니다. 이 목사는 매주 성도들의 감사 헌금 봉투를 살펴보는 습관이 있습니다. 그 이유는 성도들의 감사 제목이 궁금하고, 이 목사 또한 감사 제목을 보면서 기쁨이 넘치고 하나님께 더욱 감사하게 되기 때문입니다.

봉헌 시간에는 헌금자 명단이 아니라 '감사의 제목'을 낭독합니다. 이렇게 하는 이유는 봉헌을 통해 감사 제목을 듣는 성도들 모두가 '감사할 것이 이렇게 많구나'라는 마음을 공유하기 위해서입니다.

한번은 신일교회에 들러 이 목사와 식사를 하고 교제를 나누던 중에 그의 감사 노트를 본 적이 있습니다. 깨알같이 쓰여 있는 감사의 내용들과 환하게 미소 짓는 얼굴 표정이 함께 어우러져 '행복한 목회를 하고 있구나' 짐작할 수 있었습니다. 이 목사에게 그 많은 감사 중에 열 가지만 정리해서 보내달라고 부탁했더니 보내온 감사 내용들이 아래의 내용들입니다.

"하나님의 자녀된 것 감사하고, 목사로 부름받은 것 감사하고, 믿음의 부모님을 만난 것 감사하고, 현숙한 아내와 세 자녀 행복하게 생활하니 감사하고, 신일교회를 만나 목회하는 것 감사하고, 미국 유학을 통해 견문을 넓힌 것 감사하고, 옥한흠 목사를 만난 것 감사하고, 건강하여 병으로 입원하지 않은 것 감사하고, 『목사님, 제자훈련이 정말 행복해요』라는 책을 출간함을 감사하고, 영원한 영생의 선물 주신 것 감사합니다."

이 목사는 365일 날마다 감사의 끈을 붙들고 살려고 노력하는 사람입니다. 왜냐하면 감사의 소중함을 알기 때문입니다. 감사를 발견하고 감사를 붙들고 사는 사람은 인생의 최고봉을 붙잡은 사람입니다.
최고를 가진 사람은 남과 비교하지 않습니다. 작은 것들에 일희일비하지 않습니다. 어떤 일이 일어나도 흔들리지 않습니다. 교만하지 않습니다. 겸손할 수밖에 없습니다.

모든 것이 주님의 은혜임을 알기 때문입니다. 감사는 또 다른 감사를 낳습니다. 작은 것을 감사합니다. 순간순간 감사합니다. 평범한 일상을 감사합니다. 내 눈에 보이는 모든 것이 감사입니다. 그동안 내가 누렸던 모든 축복들이 주님의 선물임을 알기 때문입니다.

이 목사가 신일교회 교인들과 함께 꿈꾸는 감사가 바로 이런 감사입니다.

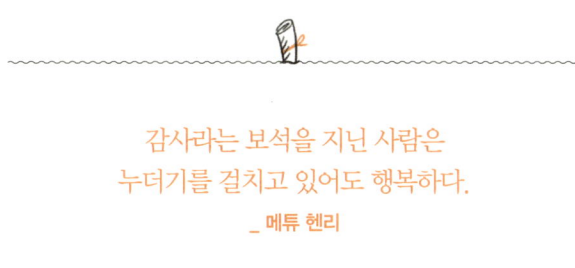

감사라는 보석을 지닌 사람은
누더기를 걸치고 있어도 행복하다.
_ 메튜 헨리

CHAPTER. 12

―

감사의 소리에
눈 뜨다

―

이영국

우리 삶에는 때때로 묘한 아이러니가 존재합니다. 특별히 나쁜 짓을 한 적도 없고 그저 성실하고 부지런하게 살았는데 전혀 의외의 결과가 나타날 때가 그렇습니다. 바로 이영국 목사(새사람교회)가 그랬습니다. 이 목사는 목회자이자 한 사람의 기독교인으로서 결코 부끄럽지 않게 살았습니다. 그런데 전혀 의외의 상황이 벌어졌습니다. 갈수록 삶은 힘들어지고 온갖 어려움이 밀어닥쳤습니다. 도대체 무엇이 문제였을까요?

열심의 역설

10여 년 전, 이 목사의 삶은 풍랑에 흔들리는 돛단배처럼 위태로웠습니다. 그의 삶은 강한 파도에 맞아 돛이 부러진 채 노 하나 쥐고 풍랑과 사투를 벌이는 불안한 형국이었습니다. 그가 할 수 있는 일이라곤 허약한 노를 움켜쥔 채 파도 속에서 이리저리 처박히는 것뿐이었습니다. 그러면서도 마치 노를 쥐고 있는 것만이 자신의 소명인 양 손이 부르트도록 온 힘을 다해 노를 저으며 '나는 나의 본분을 다 하고 있어'

라고 자위하곤 했습니다.

그런 그의 모습은 마치 바리새인들이 '고르반'이라고 말하는 것과 같았습니다. 바리새인들은 하나님께 드리느라 다른 일을 하지 못했다고 말할 때 '고르반'이라고 외쳤습니다. 하지만 예수님은 그런 바리새인들에게 "너희가 너희 전통을 지키려고 하나님의 계명을 잘 저버리는도다"(막 7:9)라며 책망하셨습니다. 그의 모습이 딱 그랬습니다.

이 목사는 '하나님께 드려지는 사람이 되기 위해' 온 힘을 기울였습니다. 그런데 그러다 보니 자연스럽게 가정에는 소홀해질 수밖에 없었습니다. 그의 가정은 피폐해졌고 피폐해진 가정의 불행은 낮게 깔리며 스며드는 가스처럼 교회로 번져 갔습니다. 그리하여 가정과 교회가 함께 무너지기 시작했습니다. 이 목사는 힘없이 어깨를 늘어뜨린 채 길을 걷다가 그의 평생 처음이자 마지막으로 하나님을 원망했습니다.

"하나님, 해도 해도 너무 하십니다! 왜 이렇게 하는 일마다 저를 안 도와주시나요?"

이 목사는 자신의 모습이 너무 한심하다는 생각이 들었습니다. 아무리 노를 움켜쥐고 애를 써 봐도 아무 소용이 없었습니다. 그는 자신의 힘으로는 그 배의 뱃머리조차 돌릴 수 없었습니다. 결국 이 목사는 자포자기하고 말았습니다. 움켜쥐고 있던 노를 내려놓았고 풍랑에 맞서

싸우기를 포기해 버린 것입니다.

  한동안 자신이 어디로 흘러가는지조차 알 수 없었습니다. 그저 모든 것을 내려놓고 그분의 뜻에 맡길 수밖에 없었습니다. 그런데 신기한 일이 벌어졌습니다. 노라도 붙잡고 있지 않으면 곧 뒤집힐 것만 같았던 배가 갑자기 서핑이라도 하는 듯 파도를 타고 있는 것이었습니다. 풍랑에 맞서기를 포기하자 잔잔한 파도 소리만이 부드럽게 뱃전에 부딪치고 있었습니다. 거기 이 목사가 알지 못했던 평화가 있었습니다. 이 목사는 배 밑바닥에 편히 누웠습니다. 그는 이내 잠에 빠져들었고 다시 잠에서 깨어났을 때 그의 배는 이미 해변에 닿아 있었습니다.

감사의 소리

  이 목사는 짐을 쌌습니다. 대도시에서의 목회를 접고 산골짜기로 옮겼습니다. 그곳에 아담한 예배당을 짓고 자신이 아닌 예수님을 목회자로 모셨습니다. 그리고 감사를 배우기 시작했습니다. 목숨 걸고, 가정까지 희생시켜가며 이루려 했던 목회를 내려놓았습니다. 무겁고 힘겨웠던 몸과 마음이 가볍고 편해졌습니다. 뭔가를 이뤄 보겠다며 그토록 발버둥 칠 때는 전혀 느껴 보지 못했던 평화였습니다.

  잔잔한 마음의 평화 가운데서 어떤 작은 소리가 들렸습니다. 그것은 다름 아닌 '감사의 소리'였습니다. 그 소리는 꼬리에 꼬리를 물고 감사할 수밖에 없는 여건들을 끄집어냈습니다. 낳아 주신 부모님께 감사, 구원해 주신 하나님께 감사, 목회자로 불러 주신 예수님께 감사, 숨 막히는 가정에서 묵묵히 견뎌 준 가족들에게 감사, 아직도 믿고 따라 주는 성도들에게 감사, 새소리 바람 소리 물소리, 봉선화 채송화 닭풀꽃 족두리꽃 아름다운 자연에 감사……. 문득 정신을 차리고 보니 온통 감사할 것뿐이었습니다. 이 목사는 마음속으로 조용히 다짐을 했습니다. 이제부터 나머지 인생은 오직 감사하며 살리라…….

이 목사는 날마다 감사를 '뿌리고' 다녔습니다. 장터에 좌판을 벌이고 앉아 있는 할머니들에게 야채를 사면서도 연신 "감사합니다, 감사합니다"를 외쳤습니다. 감사를 입에 달고 살면 살수록 마음까지 순수하고 맑고 밝게 변하는 것이 느껴졌습니다. 그러다 『평생 감사』란 책을 만났습니다. 그러고는 『평생 감사』에 푹 빠져들었습니다.

책을 읽고 또 읽으며 매주 감사에 관한 설교를 했습니다. 이전에는 어떤 주제로도 1년을 넘겨 설교해 본 적이 없었습니다. 그런데 감사로는 3-4년을 계속 설교해도 감사가 마르지 않았습니다. 그러고도 툭하면 감사에 대한 설교를 했습니다.

그뿐만이 아니었습니다. 교회 안내판에도, 예배당 건물 외벽에도, 예배당 안에도, 화장실에도, 성도들 차에도, 화장대에도, 성경과 찬송가 커버에도 온통 '감사합니다'란 문구로 도배를 했습니다. 심지어 목

12. 감사의 소리에 눈 뜨다

걸이까지 만들어 걸고 다녔습니다. 이 목사는 자신의 삶이 감사로 물들기를 바랐습니다.

이 목사가 변하자 교인들도 변했습니다. 전 교인이 감사로 물들어 갔습니다. 교인들은 걷다가 어깨가 부딪쳐도 "감사합니다", 누가 발을 밟아도 "감사합니다"를 외쳤습니다.

한 교인 부부의 남편이 지방 병원에서 암 선고를 받고 서울의 대형 병원으로 수술을 받으러 올라가게 되었습니다. 입원 수속을 하기 위해 여기저기 뛰어다니며 만나는 의사, 간호사, 직원들에게 "감사합니다"를 연발했습니다. 암 선고를 받은 사람이 아니라 암 완치 판정을 받은 사람으로 착각할 정도였습니다.

이 목사는 장례식장에 가서 기도할 때도 "감사합니다", 설교할 때도 "감사합니다"를 연발했습니다. 고인의 가족들이 '뭐 이런 정신없는 사람이 다 있어'라며 화를 낼까 봐 걱정도 됐지만 아무 일도 일어나지 않았습니다. 장례식장을 나오는데 성도들이 조마조마했다고 한마디씩 했습니다. 하지만 감사는 언제나 해야 할 일이라고 이 목사는 생각했습니다. 좋은 일이 있을 때만 감사하는 게 아니라 심지어는 사람이 죽었을 때에도 감사해야 한다고 말입니다.

이 목사는 이제 사랑하는 아내와 신혼 때보다 더 알콩달콩 살고 있습니다. 딸은 공방을 운영하고 아들은 목회자가 되어 유학 중입니다.

교회는 성도들이 마음으로 서로 배려하며, 입술로는 감사를, 눈으로는 존경을 가득 담은 아름다운 공동체로 성장하고 있습니다. 이 목사는 스스로를 '감사를 안 후 복이 넝쿨째 굴러 오는 삶을 누리고 있다'고 고백합니다.

감사하는 삶은 누구에게나 평화와 행복을 가져다줍니다. 이 목사는 경험을 통해 이를 확실하게 깨달았습니다. 자신을 비우고 겸허하게 내려놓을 때 감사는 축복처럼 우리 삶에 쏟아져 내립니다.

항상 즐겁게 생활하고 싶으면
사소한 일에 화내지 말 것이며,
내 몫으로 돌아온 것이
비록 작더라도 만족하고 감사하게 여겨라.
_ S. 스마일즈

CHAPTER. 13

현미경으로
들여다 본 감사

제갈 정 웅

　제갈정웅 박사는 전 대림학원 이사장과 대림대학교 총장을 지낸 교육계의 원로입니다. 그런데 제갈정웅 박사가 감사에 눈뜨게 된 계기가 재미있습니다. 제갈정웅 박사는 학교에서 학생들을 위한 학습법을 개발하고 이를 보급하려고 노력하다 우연히 '밥 실험'을 보게 되었습니다. 그런데 이것이 '감사의 힘'에 눈뜨게 된 직접적인 동기가 되었습니다. 다른 감사의 사람들과 달리 제갈정웅 박사는 감사에 대해 매우 이론적이고 체계적인 접근을 시도합니다. 과학적인 실험과 연구를 통해 감사의 원리를 밝혀내려고 시도했던 겁니다. 제갈정웅 박사에게 있어 감사는 하나의 '신념 체계'라기보다는 객관적으로 증명 가능한 '원리'입니다.

놀라운 '밥 실험'

　제갈정웅 박사는 2011년 대림대학교 총장으로 취임하면서 인성 교육에 깊은 관심을 가졌습니다. 대학의 목표가 학생들에게 단순히 전문지식만 전달하는 것이어서는 안 된다고 생각했던 겁니다. 앞으로의 사회는 창의성을 요구하고, 그 창의성의 기반은 인성에 있다고 보았습니다. 그래서 '교육이란 인간의 가치를 높이는 행위'라는 내용을 골자로 한 '대림대 교육 10계명'을 만들고 전문 인력과 예산을 들여 '대림 트라이버전스 러닝 메서드'(대림 3중 융합 학습법)까지 개발했습니다.

하지만 현실은 그리 녹록지 않았습니다. 인성과 창의성 개발에 초점을 맞춘 새로운 교육법을 제시했지만 일선 교수들의 반응은 시큰둥했습니다. 기존의 커리큘럼대로 가르치기도 바쁜데 새로운 교육법을 적용할 시간적·심리적 여유가 없다는 것이었습니다. 현실적인 반발에 부딪힌 제갈정웅 박사는 어떻게 하면 이 교육법의 필요성을 인식시킬 수 있을까 고민하다가 우연히 '밥 실험'에 대해 알게 되었습니다.

'밥 실험'의 내용은 단순했습니다. 유리 용기에 동일한 밥을 담고 한 병에는 '감사합니다'라는 글귀를, 다른 한 병에는 '짜증 나'라는 글귀를 써서 붙여 놓고 밥의 변화를 살펴보는 것입니다. 그런데 결과가 예상외였습니다. 일정한 시간이 지나자 '감사합니다'란 글귀를 붙여 놓은 병의 밥은 하얀 곰팡이가 슬면서 누룩이 피어올랐고 '짜증 나'란 글귀를 써서 붙여 놓은 병의 밥은 꺼멓게 썩어 가면서 악취를 풍겼습니다.

제갈정웅 박사는 이 실험을 본인이 직접 30여 차례나 반복해 보았습니다. 글귀도 '감사합니다', '짜증 나' 외에 '무관심'을 추가해 보았고 이 문구를 영어, 일본어 등 다른 언어로 바꿔 가며 실험을 했습니다. 또 밥 외에 양파, 명월초, 우유 등으로 대상을 바꿔 가며 실험을 했습니다. 하지만 결과는 늘 한결같았습니다. '감사합니다'란 글귀를 써 붙인 병에는 흰 곰팡이가 피면서 발효되어 향긋한 냄새가 났고 '짜증 나'나 '무관심'이란 글귀를 써 붙인 병은 재료가 썩으면서 악취를 풍겼습니다.

제갈정웅 박사는 두 개의 실험 결과를 전자현미경으로 살펴보았습니다. 그 결과 두 병에 생긴 곰팡이의 종류가 다르다는 것을 발견했습니다. 흰 곰팡이가 핀 재료의 조직은 발효가 되어 질서 있고 규칙적인 형태를 유지했지만 다른 것들은 부패 곰팡이가 피어 그렇지 못했습니다. 그래서 이 실험 결과를 교무 회의에 가져가 발표하고 감사하는 마음이 교육에 어떤 영향을 미치는지, 인성 교육이 왜 중요한지에 관해 설명했습니다. 하지만 반응은 역시 신통치 않았습니다.

구체적으로 나타난 효과

제갈정웅 박사는 할 수 없이 새로운 교육법에 저항이 적은 신설 학과와 신입 교수들을 중심으로 실험을 해 보기로 했습니다. 학생들을 세 그룹으로 나눠 '감사 쓰기'를 하는 그룹과 '하루 중 제일 기분 나빴던 일'을 적도록 한 그룹, 그리고 아무것도 하지 않는 그룹으로 실험을 진행했습니다. 그 결과 기분 나빴던 일을 적도록 한 그룹의 학생들은 점차 성적이 떨어졌고 반대로 감사 쓰기를 한 그룹의 학생들은 성적이 오르면서 생활도 모범적으로 영위해갔습니다.

이 결과를 놓고 제갈정웅 박사는 학교도 감사 경영을 해야 한다고 주장했습니다. 그리고 '가'군 학교 가운데 학생 취업률 1위를 목표로 내걸었습니다. 당시 대림대학의 학생 취업률은 7위였습니다. 결과가 어떻게 나타났을까요? 제갈정웅 박사가 총장에서 퇴임할 때 대림대학은 '가'군 대학 가운데 취업률 1위 대학으로 변모했습니다. 놀라운 일 아닙니까?

하지만 제갈정웅 박사는 이런 결과가 중요한 것이 아니라 진정한 감사의 의미를 깨닫게 된 것이라고 생각했습니다. 그것은 제갈정웅 박사 자신뿐 아니라 학생들도 마찬가지였습니다.

제갈정웅 박사가 퇴임할 때 학생들은 '5감사'를 적은 감사패를 만들어 선물했습니다. 거기에 적힌 다섯 가지 감사 가운데 제갈정웅 박사는 이 문장이 가장 가슴에 깊이 와 닿았습니다.

"감사의 진정한 의미를 알게 해 주셔서 감사합니다."

제갈정웅 박사는 우리가 감사를 하면 '머리가 좋아지고 잠재력이 개발된다'고 믿습니다. 이것은 본인이 교육 현장에서 실험을 통해 확인한 사항입니다. 2013년 대림대 졸업식에서 총장상을 받은 한 여학생이 제

THANKFUL

UNTHANKFUL

갈정웅 박사에게 편지를 보내왔습니다. 이 학생은 4년 동안 모든 과목에서 전 과목 최고점인 4.5점을 받았습니다. 편지에서 학생은 "총장님께 감사한다"면서 자신이 이렇게 좋은 성적을 받을 수 있었던 것은 "감사했기 때문"이라며 "총장님의 감사 운동에 감사한다"고 적었습니다.

감사하면 젊어진다

우리가 스트레스를 받으면 몸에서 '코티솔'이라는 호르몬이 분비됩니다. 이 코티솔은 뇌의 해마를 죽입니다. 해마는 우리의 인식 작용을 담당하는 부분인데, 해마가 줄어들면 인식 작용에 장애가 발생합니다. 욕을 많이 하거나 욕을 많이 얻어먹는 사람은 해마가 작아지는데, 밥 실험과 마찬가지로 부정적인 말들은 구체적이고 실제적으로 우리 몸에 영향을 미친다는 것이 제갈정웅 박사의 주장입니다.

반대로 우리가 감사를 할 때는 우리 몸에서 '옥시토닌'이 분비됩니다. 옥시토닌은 '감사 호르몬'으로 불리는데, 감사하는 사람이나 그 감사를 듣는 감사의 대상자나 동시에 분비된다고 합니다. 옥시토닌이 분비되면 우리 몸의 늙은 세포들이 재생되고 활력을 얻습니다.

성경은 우리에게 "범사에 감사하라"고 가르치는데 이 말씀은 단순히 윤리적인 측면에서만 그렇게 하라는 말씀이 아닙니다. 그 말씀을 삶으로 실천할 때 우리를 젊고 건강하게 만들어 주는 '선물과도 같은 말씀' 이라는 것이 제갈정웅 박사의 설명입니다.

제갈정웅 박사는 감사와 관련해 한 가지 대단히 흥미로운 주장을 하는데, 사람에게는 '감사 유전자'가 있다는 것입니다. 'CD38'이라고 불리는 유전자를 갖고 있는 사람은 다른 사람들에 비해 감사를 잘하는데, 이 유전자는 줄기세포의 재생에 관여하는 유전자라고 합니다. 감사를 잘하면 세포를 재생시켜 노화를 방지하고 젊고 건강한 삶을 살 수 있다는 이야깁니다.

제갈정웅 박사의 이야기 가운데 우리가 특히 주목해야 할 부분은 옥시토신에 관한 부분입니다. 옥시토신은 흔히 '러브 포션'이라고 불리는데, 말 그대로 '사랑의 묘약'입니다. 이런 별명처럼 옥시토신은 여성이 아이를 낳을 때 자궁의 민무늬근을 수축시켜 진통을 유발하고 분만이 쉽게 이루어지게 하며 젖의 분비를 촉진시켜 수유를 잘 할 수 있도록 만들어 줍니다.

또한 옥시토신은 뇌에서 만들어져 가장 멀리까지 인간의 몸을 여행하는 호르몬으로도 알려져 있습니다. 어떤 면에서는 인간을 가장 인간답게 만드는 호르몬인데, 제갈정웅 박사는 장수 사회에서 가장 주목받을 수 있는 호르몬이 바로 이 옥시토신이라고 봅니다. 중요한 것은 이 옥시토신이 감사할 때 분비가 활성화 된다는 것입니다.

모든 사람이 행복해지길

제갈정웅 박사에 따르면 미국에서는 감사와 행복의 상관관계에 대한 연구들이 활발히 진행되고 있다고 합니다. 가장 대표적인 인물이 UC데이비스대학의 로버트 이몬스 박사인데, 이몬스 박사는 90년대 후반부터 감사가 심신의 건강과 대인 관계에 미치는 영향을 체계적으로 연구해 왔습니다. 이몬스 박사는 감사와 관련된 논문 79편을 메타 분석해 우리가 감사를 하면 스트레스를 빨리 극복하고, 남과의 비교를 덜하게 되며, 자존감이 높아지고, 타인에 대한 신뢰가 높아지며, 신체가 건강해지는 등의 긍정적인 효과가 있다는 것을 밝혀냈습니다.

쉽게 말해 우리 삶에서 감사만한 '약'이 없다는 것인데, 이몬스 박사는 이런 감사를 우리의 일상에서 실천하는 첫 단계로 감사 일기 쓰기를 권하고 있습니다. 전에는 무심코 넘기거나 당연하게 생각했던 것들을 의식하면서 감사를 하다 보면 감사 습관이 몸에 배게 되고 그러면 삶이 변하게 된다는 것입니다. 그리고 이런 삶은 우리의 면역 시스템을 활성화시키고 겸허한 자세와 긍정적인 마음을 강화시켜 행복한 삶에 도움이 된다는 이야기입니다.

우리가 복된 삶을 살고자 한다면 감사할 수밖에 없다는 것이 과학적인 연구를 통해 명확하게 드러난다는 것입니다. 제갈정웅 박사의 '밥 실험'도 그렇고 교육 현장에서 직접 경험한 내용들도 그렇고 미국의 다양한 연구 결과들도 모두 동일한 내용을 가르치고 있습니다. 성경 말씀대로 "범사에 감사"하면 우리는 '행복'을 선물로 받게 됩니다.

그래서 제갈정웅 박사는 감사 운동이 우리 사회에 불길처럼 일어나기를 희망합니다. 한국 사회처럼 경쟁이 심하고 스트레스 지수가 높은 사회에서는 감사의 필요성이 더욱 절실하게 요구된다는 것입니다. 감사의 중요성은 다양한 경로를 통해 이야기되고 있지만 결국 선택은 우리들 각자의 몫입니다.

감사를 통해 행복을 선택할 것이냐, 아니면 늘 불평하고 불만하며 고통스런 삶을 살 것이냐는 우리들 자신의 몫이라는 겁니다. 하지만 스스로 불행해지길 원하는 사람은 없을 겁니다. 그래서 제갈정웅 박사는 우리 모두가 좀 더 적극적으로 감사를 실천하는 삶을 살기 위해 노력해야 한다고 강조합니다.

> 심장의 고동처럼
> 규칙적으로 하나님께 감사하면
> 삶이 건강해진다.
> _ 콘래드

CHAPTER. 14

———

살아 숨 쉬는
것만으로도

———

황성주

황성주 박사는 '생식'을 통해 사람들에게 많이 알려져 있습니다. 하지만 생식 외에도 암 전문병원인 '사랑의병원' 원장과 NGO 단체인 '국제사랑의봉사단' 설립자, 대안학교인 '꿈의학교' 이사장, '꿈이있는교회' 목사 등으로 다양한 분야에서 왕성한 활동을 하고 있습니다. 하지만 황 박사가 대단한 '감사의 고수'임을 아는 사람은 그다지 많지 않습니다.

황 박사는 '베이직 세미나'를 통해 감사에 눈뜬 다음 개인적으로 계속해서 감사 일기를 써 왔고 최근에는 『절대 감사』란 책을 출판하기도 했습니다.

감사를 알려 준 빌 가서드 박사

황성주 박사가 감사의 중요성을 처음 알게 된 것은 2011년 빌 가서드 박사의 세미나 동영상을 보게 되면서부터입니다. 빌 가서드 박사는 성품 강사로 유명한데, 황 박사는 이 강연을 듣고 '인생이 결정적으로 변화되는 경험'을 했습니다. 큰 충격을 받았던 것입니다.

강연 내용은 '짜증 요인을 감사 요인으로 바꾸라'는 것이었습니다. 쉽게 말하면 '범사에 감사하라'는 것인데, 황 박사는 이 강연을 통해 '범사 감사'의 참뜻을 알게 되었다고 합니다. 빌 박사가 말하는 '짜증 요인'은 안전에 대한 위협, 자신의 권리를 침해당했을 때, 무언가 소중한 것을 빼앗겼을 때 나타나는 반응으로 이럴 때 우리는 많은 고통과 박탈감을 경험하게 됩니다. 그리고 그럴 때 나타나는 반응이 짜증과 분노입니다.

하지만 빌 박사는 이 짜증과 분노를 감사로 바꾸라고 권합니다. 왜냐하면 우리가 자신의 권리, 혹은 소유물이라고 여기는 것은 실제로 우리의 것이 아니기 때문입니다. 모든 것의 주권자로 하나님을 인정할 때 자연스럽게 짜증 요인은 감사 요인으로 바뀌게 되고 이것이 바로 '범사 감사'라는 것입니다.

감사는 감사를 낳고 불평은 불평을 낳습니다. 우리가 감사하면 이는 계속해서 감사거리들을 끌어들이고 불평하면 계속해서 불평거리들을 끌어들이게 됩니다. 이를 이해하면 우리에게 변화가 일어난다는 것이 빌 박사의 주장입니다.

어머니에게 드린 감사 편지

황 박사가 이런 감사의 능력을 일상 속에서 직접 체험한 것은 어머니를 통해서였습니다. 황 박사의 어머니가 위독해져서 자녀들을 몇 번 불러 모은 적이 있었습니다. 고통이 얼마나 심했던지 황 박사의 어머니는 자녀들에게 "빨리 데려가 달라고 기도하라"고 부탁할 정도였습니다. 황 박사는 하와이 열방대학 DTS 과정에 영성 훈련을 신청해 놓은 상태여서 출국을 해야 했는데 어머니가 몹시 마음에 걸렸습니다. 그래서 어머니의 병실 벽에 큰 글씨로 '10가지 감사 제목'을 적어 붙여 놓고 하와이로 떠났습니다.

황 박사가 하와이에서 훈련을 받고 있던 어느 날 한국에서 연락이 왔습니다. 황 박사의 어머니가 그 감사 편지를 보고 건강이 많이 회복되었다는 연락이었습니다. "빨리 데려가 달라고 기도하라"고 할 정도로 위중한 상태였는데 그 감사 편지를 보고는 병석에서 일어나더니 조금씩 실내를 걸어 다니고 이후 더욱 좋아져서 마침내는 외부 출입을 할 정도로 건강이 회복됐다는 것입니다.

그뿐만이 아니었습니다. 황 박사의 어머니에게는 다시 검은 머리가 나고 그야말로 '회춘'하는 대반전의 역사가 일어났습니다. 황 박사가 모든 훈련을 마치고 귀국해 보니 어머니는 몸뿐만이 아니라 정신이 맑아지고 특유의 기품까지 회복했습니다. 황 박사의 어머니는 황 박사의 감사 편지를 통해 자신이 살아야 할 이유, 즉 존재의 이유를 발견했던 겁니다. 황 박사는 이 일을 통해 놀라운 감사의 힘을 경험했고 감사의 신세계에 눈을 뜨게 되었다고 합니다.

황 박사가 어머니에게 쓴 10가지 감사 제목은 이런 내용이었습니다.

1. 평생 동안 사랑해 주셔서 감사합니다.
2. 낳아 주시고 길러 주셔서 감사합니다.
3. 사랑의 본이 되어 주셔서 감사합니다.
4. 날마다 기도해 주셔서 감사합니다.
5. 큰 꿈을 갖도록 격려해 주셔서 감사합니다.
6. 좋은 학교, 최고의 대학에 보내 주셔서 감사합니다.
7. 큰 인물이 될 수 있도록 영감을 주셔서 감사합니다.
8. 신앙생활의 본이 되어 주셔서 감사합니다.
9. 가족과 친척들을 섬기는 본이 되어 주셔서 감사합니다.
10. 평생 저를 위해 흘리신 눈물과 헌신과 수고에 감사드립니다.

병마와의 힘겨운 싸움 속에서 황 박사의 어머니는 아들의 감사 편지를 읽고 새 힘을 얻었습니다. 아들의 감사가 어머니에게 깊은 감동과 치유의 기적을 불러 일으켰던 겁니다.

황 박사는 이런 치유의 능력을 자신의 암 환자들 가운데서도 발견했습니다.

감사의 디톡스 효과

황 박사는 감사의 '디톡스 효과'를 임상적으로 확인했습니다. 황 박사에 따르면, 말기 암 환자라도 감사하면 오래 살고 재발이 줄어들며 삶의 질이 좋아진다고 합니다. 쉽게 말해 감사하면 암은 잘 자라지 못합니다. 암은 나쁜 조건, 나쁜 생태 환경에서는 빨리 자라지만 좋은 환경에서는 성장을 멈추기도 하고 때로는 더 이상 성장하지 못합니다. 여기서의 조건이나 환경은 마음의 상태를 의미합니다. 불평과 원망 속에서는 잘 자라지만 감사와 행복 속에서는 잘 자라지 못합니다.

황 박사는 그동안 암 환자들을 상대하면서 나이 든 사람보다 젊은 사람들이 더 빨리 죽는다는 사실을 발견했습니다. 젊은 사람들은 자신이 암에 걸렸다는 사실을 잘 인정하지 못합니다. 그래서 굉장히 공격적인 태도를 취하고 분노하며 원망합니다. 그러다 보니 암이 더 빨리 자라는 겁니다. 하지만 감사하면 마음이 느긋해지고 면역성도 커져서 디톡스(독소 제거) 효과를 보게 되는 겁니다.

감사의 분량이 행복의 분량

감사 일기는 육체적인 측면뿐만 아니라 정신적인 측면에서도 많은 도움을 줍니다. 그래서 황 박사는 감사 일기를 적극 추천합니다. 그런데 감사 일기를 쓸 때는 몇 가지 유의사항이 있습니다. 황 박사가 추천하는 감사 일기 작성법은 이렇습니다.

첫째, 반드시 감사 노트에 써야 합니다. 매일 단 한 줄이라도 감사 노트를 쓰는 것이 좋습니다. 처음에는 다섯 가지 감사 제목에서 출발해서 점점 감사 제목을 늘려 가는 것이 좋습니다. 의욕만 앞서서 처음부터 힘에 벅찬 목표를 설정하면 중간에 포기할 가능성이 높아집니다.

둘째, 감사 일기를 쓸 때는 반드시 '감사합니다'로 마무리해야 합니다. 또 감사의 내용은 상세하고 구체적으로 쓰는 게 좋습니다. 감사의 내용이 상세하고 구체적이면 감사 일기를 쓰는 기쁨이 배가됩니다.

셋째, 습관이 되어야 합니다. 결심을 해도 '작심삼일'이 되는 경우가 많습니다. 하지만 이 3일이 중요합니다. 일단 3일을 실천하면 그 맛을 알게 됩니다. 3일이 연장돼 3주가 되면 감사 습관이 뿌리를 내려 나의 습관으로 자리 잡게 됩니다.

더 나아가 석 달 동안 실천하면 '감사 항체'가 생겨 범사에 감사하게 됩니다. 3개월이 지나면 감사의 줄기가 견고하게 올라가게 되고 그 후에는 노트가 아닌 스마트폰 같은 기기에 감사 제목을 적어도 됩니다. 그러나 처음에는 반드시 감사 노트에 기록해야 합니다.

감사 일기를 쓰게 되면 우리가 바라보는 대상은 불평이 아니라 감사의 대상으로 바뀝니다. 감사의 분량이 행복의 분량이 되는 것입니다. 감사 일기는 불평하는 사람을 감사하는 사람으로 변모시켜 우리의 인생을 바꾸어 줍니다. 감사의 표현들은 치유의 언어, 사랑의 언어, 겸손의 언어, 변화의 언어, 능력의 언어가 되어 우리의 삶을 바꿉니다.

아버지로 인한 감사

황 박사에게는 아버지에 대한 트라우마가 있습니다. 그래서 아버지를 생각할 때면 늘 마음이 많이 아프다고 합니다. 황 박사의 기억 속에 아버지는 남에게 많은 상처와 고통을 준 사람으로 남아 있습니다. 황 박사는 그 일을 다섯 살 무렵으로 기억합니다. 그때 황 박사의 아버지는 어머니를 때리고 마당에서 피를 흘리는 어머니의 머리채를 잡은 채 질질 끌고 다녔습니다. 그때의 모습을 황 박사는 지금도 생생하게 기억합니다.

자아상이 막 형성될 무렵에 받은 충격이어서 그 사건은 황 박사의 뇌리에 깊게 각인되었습니다. 그리고 황 박사의 삶에 가장 큰 트라우마로 자리 잡았습니다. 엄청난 심적 고통과 무력감을 안겨 주었고 이후에도 이런 고통은 지속되었습니다. 계속 울면서 아버지를 붙잡고 "엄마 때리지 마세요"라고 애원하던 자신의 모습과 그럼에도 불구하고 폭력이 반복될 때, 내적 상처와 무력감은 깊이 쌓여 갔습니다. 이후 어른이 되어서도 그 상처는 황 박사의 인격과 삶 속에 오랜 잔상으로 남아 있었습니다.

그런 황 박사의 아버지가 말년에 예수님을 믿게 되었습니다. 치매가 오고 있었지만 영적 갈급함도 같이 있었던 것으로 황 박사는 기억합니다. 아버지가 돌아가신 후 황 박사는 장례 기간 중에 슬픈 찬송은 가급적 배제하고 기쁨의 찬송, 부활의 찬송을 주로 불렀습니다. 발인 예배 때 황 박사가 간증했던 열 가지 감사는 이렇습니다.

1. 죄인 구원의 모델이 되게 하심 감사
2. 31년 동안 한 구원을 위한 기도에 응답해 주심 감사
3. 세계 선교 현장에 있을 때 부르신 것 감사
4. 크리스천 메모리얼 파크에 안장되신 것 감사
5. 하나님의 절대 주권에 감사
6. 고통으로부터 자유 주신 것 감사
7. 어머니의 기도에 응답하신 것 감사
8. 미국에서의 안식년 가볍게 해 주신 것 감사
9. 형에게 영적 도전을 주심 감사
10. 천국 소망, 부활 소망 확인시켜 주심 감사

황 박사는 아버지로 인한 트라우마를 감사를 통해 씻어낼 수 있었습니다. 황 박사는 예수님과 함께 십자가에 달렸던 강도처럼 아버지 같은 죄인도 구원받을 수 있다는 사실에 감사했습니다. 황 박사는 이를 '말도 안 되는 은혜'라고 표현합니다. '이 모든 것이 주님의 절대 주권이

요, 절대 섭리였음에 감사했다'고 황 박사는 설명합니다.

감사는 눈에 보이는 현상의 이면을 볼 수 있는 눈을 줍니다. 황 박사는 감사로 인한 시각의 전환을 이렇게 고백합니다.

"아버지는 나에게 고통을 주었지만 그 고통으로 인해 나는 인간의 한계와 연약함, 무력함을 깊이 인식하게 되었다. 그래서 영적 갈급함을 통해 심령이 가난한 자, 애통하는 자가 되어 대학 시절에 느꼈던 주님의 놀라운 사랑, 폭발적인 은혜를 체험하게 되었다. 아버지는 주님이 나를 위해 사용하신 도구였다. 그래서 나는 감사를 통해 절대 주권자이신 하나님을 인정함으로써 아버지에 대한 고통스런 기억들이 감사의 제목으로 바뀌는 경이로움을 경험하게 된 것이다."

감사가 가져오는 변화

황 박사는 스스로를 '감사와는 거리가 먼 사람'이라고 평가합니다. 비판적인 시각이 그 어느 누구보다 강했던 탓입니다. 의사라서 그런지 상대방의 병이 먼저 보이고, 사람을 보거나 공동체를 보아도 연약함을 먼저 보았습니다. 거기에 대학 교수이자 학자, 저술가로 활동해왔기에 모든 것을 비판적인 시각으로 봐 왔던 것입니다.

그렇지만 요즘은 이런 과거의 모습을 깊이 회개하고 감사의 사람으로 변화된 것에 감사하고 있습니다. 황 박사는 비난과 비판이 감사를 앗아간다고 합니다. 그리고 감사를 회복하는 일이야말로 예수님이 허락하신 모든 은혜의 네트워크를 회복하는 길이라고 설명합니다. 황 박사 자신이 감사를 회복한 뒤부터 자신의 사고 속에 깊이 뿌리내리고 있던 비판이 사라지는 경험을 했습니다. 황 박사는 하와이 열방대학에서 영성 훈련을 받는 동안 자신이 겪은 일을 예로 들었습니다. 과거 같으면 무척 불만을 터뜨릴만한 일이었는데도 그것이 오히려 감사의 조건으로 다가오는 변화였습니다.

첫날 숙소에서 잠을 자고 일어났는데 침대 시트에 여섯 개의 핏자국이 선명하게 나 있었습니다. 몸에 물린 자국이 있는 것으로 보아 빈대일 가능성이 있다고 생각했습니다. 그런데 이 일이 그날로 끝나지 않았습니다. 황 박사는 훈련을 받는 두 달 동안 줄기차게 빈대에게 물렸고 마침내 자신의 침대가 빈대의 서식처임을 알게 되었습니다.

분명 짜증스러운 경험임에 틀림없습니다. 하지만 황 박사는 이미 감사 일기를 쓰고 있던 터라 아침에 일어나면 무조건 감사부터 했습니다. 그러던 어느 날, 캠퍼스 나무 그늘 아래에서 묵상을 하고 있는데 갑자기 감사해야 할 이유들이 떠올랐습니다.

1. 평생 동안 빈대에 안 물리고 산 것이 축복이고 은혜임을 깨닫게 되어 감사
2. 고통을 주었지만 감사를 잃지 않은 것에 감사
3. 한 달 후에 코나를 떠나게 하시고 반드시 지나간다는 희망에 감사

4. 겸손히 주님만 바라보고 나를 낮추게 하심에 감사
5. 빈대가 아닌 것, 빈대 같은 사람이 안 되게 은혜를 베푸신 것 감사
6. DTS 기간에 좋은 간증거리 주신 것 감사
7. 다른 사람이 아니라 우리가 먼저 당한 것 감사
8. 한 침대에서 잔 아내가 덜 물린 것 감사
9. 다른 사람들이 물리지 않은 것 감사
10. 빈대 빼고 3개월 동안 최고의 풍성한 삶을 누리게 하신 것 감사

상황은 동일하지만 그 상황을 바라보는 눈이 달라지면 전혀 다른 반응이 나옵니다. 짜증 내는 게 당연한 상황도 오히려 감사가 터져 나오는 상황으로 바뀌어 버립니다. 황 박사는 이렇게 '감사의 능력을 체험하는 것이 중요하다'고 말합니다.

감사의 정의

황 박사는 '감사는 호흡'이라고 정의합니다. 내가 지금 여기 살아서 숨 쉴 수 있다는 것이 감사라는 겁니다. 따라서 감사의 출발점은 내가 지금 숨 쉴 수 있다는 것에서부터 출발해야 합니다. 그러면 감사의 분량이 어마어마하게 커질 수 있습니다. 황 박사는 이런 감사의 분량이 곧 행복의 분량이라고 설명합니다. 황 박사가 전하는 감사의 의미는

이런 것입니다.

"감사는 우리의 인생을 결정한다. 감사를 실천하면 하나님을 보는 눈, 남을 보는 눈, 이웃을 보는 눈이 달라지고 모든 환경이 변하여 아름다운 신세계가 열린다. 감사는 모든 관계의 거룩함을 회복하는 화해 코드이고, 모든 과거를 매듭짓고 치유하고 재창조하는 도구이다. 감사는 현재의 짜증과 분노와 집착의 삶을 변화시키는 수단이며, 미래의 불확실성과 염려와 두려움을 확신과 담대함으로 바꾸는 전환 장치이다.

감사는 나 자신은 물론이고 다른 사람까지 행복하게 만들어 주는 행복 바이러스이고, 절대로 불가능하다고 생각되는 일을 절대로 가능한 일로 바꾸는 능력 코드이다. 감사는 하나님께 입술로 드려지는 최고의 예술이고 최상의 예배이다."

하나님을 향한 우리의 모든 감사는
우리를 향한
하나님의 사랑에 대한 응답이다.
_ W. 템플

CHAPTER. 15

—

'하나님의 은혜'를 통해
경험하는 감사

—

최이우

우리의 삶, 그 자체가 감사

116년이 넘는 오랜 역사를 지닌 종교교회의 최이우 목사(평생감사 사역원 이사장)는 감사를 '특별한 어떤 것'이라고 생각하지 않습니다. 왜냐하면 우리의 삶 자체가 감사이고, 좀 더 범위를 한정하면 하나님의 자녀로서 신앙생활을 할 수 있다는 것 자체가 감사한 일이기 때문입니다.

"하나님께서 지으신 모든 것이 선하매 감사함으로 받으면 버릴 것이 없나니 하나님의 말씀과 기도로 거룩하여짐이라"(딤전 4:4-5).

최 목사는 '어떤 것이 좋다, 나쁘다' 하는 것은 다만 우리의 인간적인 평가이지 감사의 눈으로 보면 모든 것이 다 감사할 일뿐이라고 합니다. 실제로 감사는 하나님의 말씀과 기도를 통해서 나오며, 감사한다는 것은 우리 자신의 삶에 '거룩'을 만들어내는 일이라는 게 최 목사의 지론입니다.

축복으로 눈 뜬 감사의 계기들

최 목사는 지금까지 살아온 자신의 삶 자체가 '은혜'이고 '감사'라고 생각합니다. 삶의 많은 순간순간 감사를 경험했기 때문입니다.

경주가 고향인 탓에 최 목사는 어려서부터 자연스럽게 불교를 접했습니다. 중학교 3학년 때에는 양산 통도사에 갔다가 승려가 되어야겠다고 생각했습니다. 그런 그에게 친구의 전도는 삶의 방향을 틀어 준 결정적인 계기가 되었습니다. 친구의 전도로 교회에 출석하면서 최 목사는 신앙생활을 통해 참 행복을 맛보았고 진정한 평안과 감사를 알게 되었습니다.

최 목사는 그동안 목회를 하면서 단 한 번도 자신의 길을 후회해 본 적이 없다고 합니다. 최 목사는 이것 자체가 하나님의 은혜라고 생각합니다. 왜냐하면 깊은 번민과 갈등 없이 지속적으로 한길을 걸을 수 있다는 것은 본인의 열정만으로 가능하지 않다는 것을 잘 알기 때문입니다.

1977년 대학원을 다니면서 처음 목회를 시작한 최 목사는 시골 목회를 2년 정도 했고, 이후 군목이 되어 강원도 양구의 연대 교회를 섬겼는데, 본부 중대의 군인 가족들이 많이 출석했습니다. 연대 교회는 2년 만에 사단 교회보다 예산이 많아지고 부흥하는 축복을 경험했습니다. 시골 교회에서도 그렇고 연대 교회에서도 그렇고, 최 목사는 첫 목회지에서 하나님의 여러 축복들을 경험하면서 자연스럽게 감사에 눈 뜨는 계기가 되었습니다.

형통의 은혜

군목으로 전역한 최 목사는 광림교회 부목사로 초빙되었습니다. 특별할 것 없는 평범한 군목이 어떻게 광림교회에 초빙될 수 있었을까요? 물론 최 목사에게는 자신을 추천해 줄 만한 어떤 후견인도 없었습니다. 최 목사는 신학교를 다닐 때부터 김선도 목사를 평소 존경했고, 그분의 목회를 배우고 싶었습니다.

군목 제대할 무렵에 군인 교회를 건축했는데, 필요한 물품이 있어 광림교회를 찾아가 김선도 목사에게 요청을 드렸더니 기꺼이 지원해 주었고, 그것이 인연이 되어 광림교회에서 사역을 하게 되었습니다.

당시 최 목사는 제대하고 갈만한 사역지를 달라고 하나님께 100일 작정 기도를 하고 있었는데 기도 마지막 날 응답을 받았다고 합니다.

"김선도 목사님께서 '우리 교회에 와서 나를 좀 도와주면 어떻겠습니까?' 하시면서 부르시는 거였어요. 하나님의 정확하신 기도 응답에 너무 놀랐고 그저 '감사합니다'는 말씀 외에는 따로 할 말이 없었습니다."

최 목사는 기도 응답에 감사하며 목회를 시작했습니다. 그렇게 광림교회에서 부목사로서 5년 4개월을 섬긴 후 안산광림교회를 개척했습니다. 이 교회는 광림교회가 첫 번째로 개척한 교회로 비록 혼자서 시작했지만 예배당 건축을 지원받는 특별한 은혜를 누렸습니다.

그곳에서 최 목사는 놀라운 부흥의 은혜를 경험했습니다. 1987년부터 교회는 매년 430명+α로 성장했습니다. 물론 양적 성장만이 전부는 아니지만 성도들은 귀하게 자라났고 교회의 충성스러운 일꾼으로 세워지는 축복을 경험했습니다. 최 목사는 이런 형통의 은혜가 값없이 주어진 것이라는 사실에 그저 감사할 따름입니다. 자신이 무엇을 잘했거나 능력이 뛰어나서 이루어진 것이 아님을 알기 때문입니다. 그러니 최 목사로서는 하나님의 은혜라고 밖에는 설명이 불가능했습니다.

"하나님이 하시는 일은 정말 놀랍습니다. 신묘막측하게 이끄신 하나님의 은혜에 그저 감사할 뿐이지요! 그게 1987년 안산광림교회부터 종교교회 와서 목회를 하면서도 매년 430명+α로 성장시켜 주시는 은혜를 경험했으니 특별한 은혜라고 밖에는 달리 설명할 방법이 없습니다. 저는 하나님 앞에 가면 물어보고 싶습니다. 하나님, 왜 저에게 이런 기적 같은 은혜들을 경험하게 하셨는지요?"

연단의 은혜

그렇다고 최 목사의 이 말을 '그저 모든 것을 손 놓고 가만히 있는데도 저절로 다 잘 되었다'로 해석해서는 곤란합니다. 그 안을 들여다보면 결코 쉽지 않은 고난의 과정들이 숨어 있었기 때문입니다. 사실 최 목사는 안산에서 목회할 때 어려움을 많이 겪었습니다. 그래서 금식기도를 하고, 밤마다 강단에서 밤을 지새웠으며, 강단에서 기도하다 잠들다 곧바로 강단에서 새벽 기도를 인도한 날들도 수없이 많았습니다. 밖에서 보기에는 평탄하고 승승장구하는 것 같아 보였지만 내면적으로는 혹독한 시련의 시기를 보냈습니다.

그럼에도 불구하고 최 목사는 '감사할 것이 참 많았다'고 고백합니다. 견디기 어려운 시련을 통해 그 시련을 넘어서는 또 다른 은혜를 발견할 수 있었고 오히려 시련을 통해 더 단단한 감사를 경험하게 되었기 때문입니다. 최 목사는 그래서 어려운 일을 겪을 때는 그것을 인간적인 방법으로 풀려고 하면 안 된다고 말합니다.

"바닥까지 내려가는 어려움의 과정을 겪고 나니 많은 목회자들이 어려움을 당하는 것이 그 개인의 잘못으로만 나타나는 것이 아니라 하나님께서 더 단단하게 하시려는 연단이라는 것을 알게 되었어요. 그것을 깨달은 것만으로도 얼마나 감사한지 모릅니다. 그래서 목회자들의 어려움을 더 잘 이해할 수 있게 되었고, 긍휼의 마음을 갖게 되었고, 목회자의 눈물도 그때 비로소 알게 되었습니다."

바로 이것입니다. 시련 속에서도 감사할 수 있는 것은 시련을 통해 비로소 깨닫게 되는 하나님의 은혜가 있기 때문입니다.

감사는 모든 것이 다 잘 되었기 때문에 감사하는 것이 아니라 고난과 시련이 있기에 더 깊은 감사를 할 수 있는 것입니다. 고난과 시련을 딛고 그 이면에 흐르는 하나님의 은혜에 눈뜰 때 진정한 감사, 더 깊은 감사를 드릴 수 있습니다. 그래서 진정한 감사는 고난을 통과해야 진정한 감사가 될 수 있는 것입니다. 그리고 진정한 감사는 평범한 일상이 그 자체로 감사로 다가올 때 참다운 감사가 될 수 있습니다. 최 목사가 말하는 "삶 자체가 감사"라는 말은 바로 이런 맥락 속에서 이해될 수 있습니다.

감사, 은혜의 질서를 따르는 일

종교교회에서는 최근 자체적으로 감사 노트를 제작했습니다. 분기별로 쓸 수 있도록 총 네 권으로 만들었습니다. 한꺼번에 너무 많이 쓰면 교인들이 부담을 느낄까봐 하루에 세 가지만 쓰도록 했습니다.

"저희 교회는 추수감사주일을 매년 11월 첫째 주에 지키고 있는데, 많은 성도들이 감사 노트를 하나님 앞에 봉헌하여 올려드렸습니다. 이것 자체가 교회의 토양을 감사의 분위기로 만들고, 마음 밭을 감사의 토양으로 바꾸는 계기가 되었습니다. 저는 교우들에게 감사 일기를 날마다 쓰자고 했기 때문에 매일매일 꼬박꼬박 하루도 거르지 않고 감사 일기를 쓰고 있습니다. 저뿐만 아니라 교우들도 하루도 빼먹지 않고 꼬박꼬박 쓰신 분들이 꽤 많으셨더라고요."

최 목사는 현재 평생감사사역원 이사장으로 이 일을 위해 3년째 감사 사역을 지원하며 힘을 보태고 있습니다. 교회 또한 감사로 물들이며 감사 운동을 지속적으로 펼치고 있습니다. 화장실이나 식당, 사무실, 사람들이 모이는 공간에는 최 목사가 직접 붓글씨로 써 놓은 감사 성구들이 걸려 있고, 심방 때마다 직접 써서 선물하는 감사 성구는 교인들의 가정마다 걸려 있어 감사가 생활화되고 있습니다.

지난번 감사 모임이 있어 종교교회 화장실에 들렀다가 변기 앞마다 붙어 있는 최 목사가 직접 쓴 감사 성구들을 보고 감동해서 평생감사 홈페이지에 소개했던 적이 있고, 저 또한 최 목사가 정성껏 쓴 감사 성구를 선물 받아 감사 글방에 걸어 놓고 지인들에게 자랑하며 은혜를 받고 있습니다.

"기도를 계속하고 기도에 감사함으로 깨어 있으라"(골 4:2).

"여호와께 감사하라 그는 선하시며 그 인자하심이 영원함이로다" (시 136:1).

"또 무엇을 하든지 말에나 일에나 다 주 예수의 이름으로 하고 그를 힘입어 하나님 아버지께 감사하라"(골 3:17).

최 목사의 이런 감사의 습관은 하루아침에 이루어진 것이 아니라 오래전부터 감사 일기를 쓰는 습관에서 비롯되었습니다. 작은 감사의 습관이 최 목사 자신의 삶에도 많은 변화를 가져왔습니다. 그중 가장 대표적인 것이 감독 출마와 관련된 부분이었습니다. 최 목사는 한동안 교단 감독 출마를 놓고 기도를 많이 했습니다. 하지만 출마하지 않는 것으로 최종 결론 내렸습니다. 최 목사는 그 이유를 그의 비밀 노트인 감사 일기 속에 이렇게 메모를 남겼습니다.

첫째, 하나님이 베푸신 '은혜의 질서' 때문이다. 은혜의 질서는 '내가 계획하고 내가 노력하고 내가 앞서기 전에 주님이 모든 것을 다 하셨다'는 의미다. 가령 안산광림교회에서 왕십리교회, 그리고 다시 종교교회 담임으로 올 때 나는 이력서를 내며 지원하지도, 인맥을 동원하지도 않았다. 모든 것이 자연스럽게 하나님의 은혜로 이루어졌다. 하지만 감독으로 출마를 하면 이것은 내가 앞에 나서 나 자신을 알려야 하고 나를 찍어 달라고 선거 운동을 해야 하는 일이다. 아무리 생각해 봐도 이것은 그동안 내가 경험해 온 은혜의 질서를 깨는 일이다. 하나님은 내가 앞장서 내 의지로 뭔가를 성취해 보겠다고 노력하는 것이 은혜의 질서를 깨는 일임을 깨닫게 하셨다. 참으로 감사하다.

둘째, 교단 지도자도 중요하지만 나를 부르신 목회지, 종교교회가 더 중요하다고 생각되었다. 목회를 한다는 것은 그 자체로 너무 큰 하나님의 은혜이다. 따라서 목회에 집중하는 것이 더 옳다고 생각한다. 참으로 감사한다.

셋째, 국가인권위원으로 활동하게 되었다. 이 일은 결코 작은 일이 아니다. 이 일을 놓고 하나님의 뜻이 감독직을 포기하는데 있는 것인지 아니면 출마의 발판으로 삼으라는 것인지를 놓고 기도를 했는데 '감독 출마를 포기하라'는 메시지로 받아들였다. 참으로 감사하다.

최 목사의 감독직 출마 포기는 결코 쉬운 결정이 아니었을 것입니다. 그의 감독직 출마 포기는 감리 교단뿐만 아니라 기독교 교단 전체에도 신선한 충격과 감동을 주었습니다. 종교교회 교인들은 물론 최 목사의 교회를 위하는 결정에 아낌없는 지지를 보내는 것은 당연한 일이었습니다. 최 목사가 종교교회에 집중할 수 있기 때문입니다.

　최 목사가 부임한 이후 종교교회는 많은 변화를 경험하고 있습니다. 무엇보다도 감사를 회복함으로써 교인들이 활력을 얻고, 그것은 교회의 영적인 부흥과 성장으로 연결되고 있습니다. 특히 고무적인 것은 청년의 숫자가 기하급수적으로 늘어나 장년층들에게까지 새 힘과 활력을 불어 넣어 주고 있다는 사실입니다. 한국 교회가 전반적으로 노령화되고 침체하여가는 현실 속에서 젊은 청년들과 장년들이 늘고 교회가 성장한다는 것은 참으로 희망적인 조짐입니다. 최 목사의 목회가 꽃을 피우고 풍성한 열매를 맺는 이유가 하나님께서 기뻐하시는 작은 감사에 뿌리를 두고 있기 때문이 아닐까요?

> 우리가 평생 '감사합니다'라는 기도만 해도
> 그것으로 충분하다.
> _ 마이스터 에카르트

THANKS
감사가 내 인생의 답이다

PART. 04

감사를 통한 아름다운 마무리

CHAPTER. 16

—

특별한
감사패

—

윤 인 찬

    에벤에셀교회 윤인찬 목사의 '특별한 감사패' 이야기는 교회를 개척한 많은 목회자들과 성도들에게 잔잔한 감동을 전해 주고 있습니다.

    윤 목사는 2003년 교회를 개척하고 대다수의 개척 교회처럼 일꾼 부족과 재정적인 어려움, 함께 예배드릴 성도가 없는 아픔을 겪었습니다. 가장 믿었던 가정마저 훌쩍 떠나버렸을 때의 그 허탈함이란 이루 말로 표현할 수 없을 만큼 큰 상처였습니다. 결국 개척 3년 만에 모든 가정이 떠나고 나도애 할머니 한 사람만 남았습니다. 윤 목사는 지칠 대로 지쳐 있었고, 마음의 상처와 좌절로 교회 문을 닫고 싶은 마음뿐이었습니다.

    '할머니만 안 나오시면 당장 목회를 그만두어야지!'

    부끄럽지만 윤 목사는 주일마다 이 생각을 몇 번씩 되뇌었다고 합니다. 그렇다고 할머니를 그만 나오라고 할 수도 없는 노릇이었습니다. 더군다나 그 할머니의 한쪽 손은 중풍으로 마비되어 있었고, 귀가 어두워 말씀도 잘 듣지 못했습니다.

16. 특별한 감사패   189

매 주일 비가 오나 눈이 오나 궂은 날씨에도 교회를 출석하는 나도애 할머니 때문에 목회를 그만두지 못하고 한 주, 한 주 버티길 3년, 하나님은 윤 목사의 마음에 한 영혼이 천하보다 소중하다는 사실을 일깨워 주셨고, 그렇게 3년의 연단 기간이 끝나자 하나님께서는 차츰 성도들을 보내 주시기 시작하셨습니다.

그 후 2009년 2월에는 하나님께서 새로운 예배당도 허락해 주셨습니다. 확장 이전 감사 예배를 드리던 날, 가장 기억에 남는 사람은 헌금을 많이 한 사람도, 전도를 많이 한 사람도 아닌, 바로 나도애 할머니였습니다.

오늘이 있도록 불편한 몸을 이끌고 예배당 빈자리를 지켜 주신 나도애 할머니께 감사의 마음을 꼭 전달하고 싶었습니다. 왜냐하면 그분은 윤 목사의 현재가 있도록 만들어 준 보이지 않는 든든한 끈이었기 때문입니다. 한 주, 한 주 그분으로 인해 나약한 마음, 좌절하고 낙심하고 포기하는 마음을 이겨낼 수 있었습니다. 그분은 윤 목사의 목회 내공을 훈련시켜 주신 말 없는 조력자였습니다. 그래서 새로운 예배당 감사 예배를 드리면서 나도애 할머니에게 '특별한 감사패'를 전달하는 시간을 가졌습니다.

"나도애 할머니의 작은 발걸음이 오늘의 저를 있게 했고, 오늘의 에벤에셀교회가 있게 하였습니다. 몸이 불편해서 걸을 힘도 없고, 성경 지식도 없고, 가진 것도 없는 할머니의 그 기도가 저를 일으켜 세웠고, 에벤에셀교회를 세웠습니다. 매 주일 빠지지 않고 출석해 주셔서 감사합니다. 적은 액수지만 주일마다 헌금해 주셔서 감사합니다. 매 주일 반찬이 없어도 맛있게 식사해 주셔서 감사합니다. 화내지 않는 부드러운 성품에 감사합니다.

만날 때마다 밝은 표정으로 웃어 주셔서 감사합니다. 교회 나오실 때마다 깨끗한 신발과 옷을 입고 오셔서 감사합니다. 작은 것을 받으셔도 고마워하시니 감사합니다. 우리 가정만 예배드리지 않도록 끝까지 자리 지켜 주셔서 감사합니다. 에벤에셀교회 8년의 역사 속에서 우리 부부가 쓰러지지 않고 낙심하지 않도록 마지막까지 남아 힘을 북돋아 주신, 가장 복되고 귀하신 나도애 할머니! 진심으로 감사하고 또 감사합니다."

나도애 할머니는 에벤에셀교회를 위해 끝까지 기도하다 2011년 세상을 떠나셨고, 현재 윤 목사가 목회하는 에벤에셀교회는 전교인 120명이 출석하는 작지만 든든한 교회, 감사로 소문난 아름다운 공동체를 이루고 있습니다.

비록 걷지 못하고, 말도 어눌하고, 제대로 듣지도 못하는 나약한 할머니의 보잘 것 없는 작은 헌신이 얼마나 큰일을 할 수 있는지, 하나님을 향한 우리의 작은 날갯짓이 얼마나 큰 기적과 감사를 일으키는지 나도애 할머니가 말없이 가르쳐 주었습니다.

이전에 받은 복에 대한 감사는
하나님의 또 다른 복을 받도록 한다.
_ R. 헤릭

CHAPTER. 17

상대에게
잘 밟혀 주는 것이
진정한 감사

이 기 재

감사는 자신의 마음을 정갈하게 비우는 일입니다. 내 생각이 너무 강하면 절대로 감사할 수 없습니다. 이기재 목사(동광교회 원로)가 그랬습니다. 총신 신대원 1학년이던 1975년 동광교회를 개척한 이 목사는 30여 년 오직 한 길, 목회 인생을 걸었습니다. 너무도 열악한 환경에서 교회를 개척했고 자신의 젊음을 다 바쳐 목회자의 길을 걸어왔지만 마음속 깊이 행복을 맛보지는 못했습니다. 주변과 쉽게 타협할 수 없는 성격 탓에 참다운 내면의 평화를 갖지 못하고 갈등하고 불편한 마음으로 지냈던 적이 많았습니다.

하지만 교회에서 은퇴한 후 이 목사는 제2의 인생을 살고 있고, 은퇴 이후 더 행복한 인생으로 바뀌었습니다. 그 이유는 바로 '감사 인생' 덕분입니다. 감사 인생을 살면서 이 목사의 얼굴이 확 바뀌었습니다. 얼굴이 환하게 밝아졌습니다. 자신을 내려놓고 모든 것에 감사할 줄 알게 되면서 참다운 행복을 맛보았기 때문입니다. 이 목사는 가끔씩 저에게 간혹 감사에 관한 문자 메시지를 보내 주시는데, 얼마 전에 받은 내용입니다.

"나는 얼굴이 있음을 감사한다. 나에게 이렇게 멀쩡한 얼굴이 있어서 밥 먹고 세수하고 화장하고 면도하고 날마다 사람들을 대할 수 있어 감사한다. 이 얼굴로 우는 날보다 환하게 웃는 날이 많음을 감사한다.

얼굴 주신 하나님께 감사 배인 웃음으로 날마다 보답하는 마음으로 살아가니 행복하다. 얼굴 속에 웃음이 있고, 얼굴 속에 건강이 있고, 얼굴 속에 행복이 묻어 있으니 나는 감사하고 또 감사한다."

이 목사는 자신의 노년을 감사로 정갈하게 물들이고 있습니다. '상대방에게 잘 밟혀 주는 것이 감사'라고 말하는 이 목사는 우리가 삶에서 만날 수 있는 가장 큰 기적은 '감사'라고 말합니다.

의인의 길

이기재 목사에게는 살면서 늘 새롭게 다가오는 이야기가 하나 있습니다. 강도사 인허를 받을 때 권면 순서를 맡은 노회 중진 목사의 이야기였습니다.

"내가 목사 안수를 받고 은사 되신 목사님을 찾아가서 '목사님, 어떻게 하면 목회를 잘 할 수 있습니까?' 하고 물었더니 그분이 방바닥에 누워 '나를 밟아 봐' 하더군. 그래서 '아니, 제가 어떻게 목사님을 밟아요?' 했더니 껄껄 웃으시며 '괜찮아, 밟아 봐. 잘 밟혀 주는 게 목회 잘 하는 거야' 하셔서 할 수 없이 몇 번 밟은 일이 있지."

이 목사는 이 이야기를 평생 잊을 수 없었다고 합니다. 목회를 잘 한다는 것은 늘 자신을 자제하고 낮아져서 죽는 것이란 의미였기 때문입니다. 오랜 세월 목회를 하면서 다양한 사람들을 만나야 했고 갈등이 생길 때마다 이 목사는 이 이야기를 기억했다고 합니다. 그래서 대과(大過) 없이 한 교회에서 만 31년을 목회했고 원로로 추대 받아 은퇴했습니다. 은퇴한 후에도 3개월에 한 번씩 시무하던 교회에서 설교로 섬기며 후임 목사와 좋은 유대 관계를 유지하고 있습니다.

이 목사는 오랜 경험을 통해 목회와 감사가 다르지 않다고 생각합니다. '잘 밟혀 주는 것이 감사'라는 것입니다.

"의로운 사람은 금식을 많이 하고 자선 사업과 기도를 많이 해서 되는 것이 아니다. 감사할 줄 알아야 의로운 사람이 될 수 있다."

아내에게 하는 절

이 목사는 그동안 만난 많은 사람들 가운데 특히 잊을 수 없는 사람으로 「감사나눔신문」 김용환 대표를 꼽습니다. 이 목사가 김 대표를 만난 것은 2010년 7월 27일 상동마을도서관 개관 1주년 기념식 때였습니다. 상동마을도서관은 이 목사가 은퇴한 후 그동안 받은 은혜에 보답하는 의미로 사비를 털어 마련한 도서관입니다.

축사를 하기 위해 기념식에 참석했던 김 대표는 축사에 앞서 먼저 도서관 마룻바닥에 넙죽 엎드려 큰절을 했습니다. 참석자들이 '갑자기 웬 절?' 하며 어리둥절해 할 때 김 대표는 "날마다 어머니에게 큰절을 올리고 아내에게도 맞절을 합니다"고 설명했습니다.

이 목사는 이런 김 대표의 이야기에 충격을 받았습니다. 부모님도 부모님이지만 아내에게 생각이 미치자 오랜 세월을 함께 살면서도 아내의 고마움을 전혀 헤아리지 못했다는 부끄러움 때문이었습니다.

"결혼한 지 40년 가까이 됐지만 아내의 역할을 너무도 당연하게 여겼기에 소중함과 고마움을 별로 느끼지 못했다. 교회를 설립하고 원로목사로 은퇴하기까지 나의 수고는 70퍼센트, 아내의 수고는 30퍼센트 정도거니 생각했다. 그러나 곰곰이 생각해 보니 정반대였다. 아내의 수고가 70퍼센트, 나의 수고는 30퍼센트였다. 그런데도 영광과 대접은 목사인 내가 다 받고 스트레스와 골병은 아내가 다 받았다. 노년에 전신의 아픔으로 고통스러워하는 모습을 보면 너무 미안하다. 아내는 하나님이 준 선물이라고 한다. 그만큼 소중한 사람이란 의미다. 나를 위해 수고한 아내를 생각하면 더욱더 소중하고 고맙다."

그때부터 이 목사는 아내와 맞절을 했습니다. 커피를 타 주거나 마트에서 쇼핑하고 들어오면 장바구니를 받아 주며 "고마워요" 하고 인사합니다. 처음 아내에게 절을 했을 때 이 목사의 사모는 무척 불편해했습니다. 평소 안 하던 행동을 하니 당황할 수밖에! 하지만 시간이 흐르자 사모도 자연스럽게 맞절을 하면서 행복해 합니다.

이제는 나이 들어 이곳저곳이 쑤시는 아내의 관절을 주물러 주며 이 목사는 자신을 위해 수고해 준 아내의 손과 발에 눈물겹도록 고마움을 느낍니다. 오늘의 나 됨이 내가 잘나 그렇게 된 것이 아닙니다. 거기엔 많은 사람들의 사랑과 헌신이 깃들어 있습니다.

두 딸에게 받은 100감사 생일 선물

부모가 감사의 삶을 살면 그 영향은 고스란히 자녀에게 전달됩니다. 이 목사는 얼마 전 두 딸로부터 생일 선물로 '100감사'를 받았습니다. 사실 이 목사는 자녀들에게 미안한 마음이 많습니다. 1970년대 중반 철거민촌에 교회를 개척하여 물질적으로, 시간적으로 늘 빠듯하고 어려웠던 탓에 자녀들에게 살뜰할 수 없었습니다. 그럼에도 각각 50감사씩을 적어 선물한 두 딸의 편지를 읽으며 이 목사는 뿌듯한 마음에 눈시울이 붉어졌습니다.

Happy Birthday Dad!

사랑하는 아빠의 영혼이 잘 됨같이 모든 일에 잘 되시고 건강하시기를 큰딸이 기도합니다. 사랑하고 감사해요.

1. 아빠를 이 땅에 보내 주신 이날 감사
2. 저를 낳아 주신 것 감사
3. 다른 신이 아닌 예수 믿고 목사 되신 것 감사
4. 엄마를 선택해서 결혼하신 것 감사
5. 존경받는 목사님으로 명예롭게 은퇴하신 것 감사
6. 달동네에서 개척 교회를 시작하셔서 가난에도 처해 보게 하셔서 작은 것에 감사하고 감동하는 아이로 자라게 하신 것 감사
7. 목사 딸로서 짐도 있었지만 교인들에게 사랑과 혜택을 받은 기억이 많은 것 감사
8. 특혜 중 하나는 대학교 3학년 때 교회의 장학금으로 밴쿠버 유학을 간 것, 거기에서 요한 아빠를 만난 것 감사
9. 하나 뿐인 내 동생 혜림이를 낳아 주셔서 자매의 정을 나누게 하심 감사
10. 영적 자산인 정직과 감사에 대한 설교를 어릴 때부터 귀에 못이 박히도록 들은 덕분에 인생의 어려운 순간들을 잘 넘기게 하신 것 감사

11. 신앙 1대로서 가족의 핍박을 잘 넘기고 신앙의 명문 가문 이루어 주신 점 감사
12. 신앙과 삶의 일치를 보여 주셔서 삐뚤어지지 않고 잘 자라게 하신 점 감사
13. 요한에게 외할아버지가 신문에 나오기도 하는 자랑스러운 목사 할아버지라서 감사
14. 목사 딸이라 역시 다르다는 말을 듣게 해 주신 점 감사
15. 때로 엉뚱한 유머 감각, 가끔 개다리 춤으로 "우리 동네 산동네" 노래를 불러 주시며 함께 웃었던 어린 시절 추억으로 인해 감사
16. 온유함과 오래 참음, 화평함과 겸손의 성품 가지신 점 감사
17. 낙타 무릎으로 동광교회를 꿋꿋하게 지켜 주신 점 감사
18. 큰딸을 믿어 주시고 어려운 결정이셨을 요한 아빠와의 결혼을 허락해 주신 것 감사
19. 엄마의 잔소리와 신경질을 잘 참아 싸움이 안 되게 하는 점 감사
20. 아빠의 외모를 닮은 것(나이 들어갈수록 엄마 닮아 가긴 하지만) 감사
21. 아빠 닮은 성품들 감사
22. 은퇴 후 나이 드셔서 아내와 딸들에게 그동안 표현 잘 안하시던 감사로 소통하시는 점 감사
23. 젊은 감각과 배움의 열정 주심 감사
24. 인간적인 욕심을 배제하고 일찍 은퇴하셔서 교회에 의지 않으시고 멀리 떨어져서 주님만 바라보고 사시는 두 분의 존경스런 삶

에 감사

25. 은퇴 후에도 활발하게 활동하시고 노력하시는 모습 감사
26. 건강을 위해서 스스로 꾸준한 운동으로 잘 관리하시는 점 감사
27. 가끔씩 드리는 딸의 잔소리도 기꺼이 수용해 주셔서 감사
28. 새로운 것에 대한 열린 마음과 생각 감사
29. 멈추지 않는 호기심(모르는 것을 기꺼이 질문하는 자세) 감사
30. 타시던 소나타 물려주셔서 잘 타고 다니게 해 주신 점 감사
31. 마을 도서관 하신 탓에 손주들과 딸, 사위들이 마음껏 책을 읽을 수 있었던 점 감사
32. 그만두시며 손주들 볼 책을 물려주셔서 감사
33. 아침마다 카톡으로 좋은 글들 올려 주시는 것 감사
34. 신식문물(문명의 이기들)을 두려움 없이 받아들여 우리들과 막힘없이 소통되는 점 감사
35. 선물해 드린 빨간 체크 남방 예쁘게 잘 입어 주신 것 감사
36. 무엇을 해 드려도 고맙게 받아 주시고 맛있게 드셔 주시는 것 감사
37. 입맛이 국제적이라 외식할 때 선택의 폭이 넓은 점 감사
38. 집안일을 잘 도와주셔서 감사
39. 권위를 내세우지 않는 모습 감사
40. 엄마의 어드바이스를 잘 수용해 주셔서 감사
41. 이만큼 건강하시고 건재하신 점 감사

42. 변함없는 인기 덕분에 주위에 사람들이 많은 것 감사
43. 아빠로 인해 알게 된 좋은 사람들과의 인연 감사
44. 결혼 전 요한 아빠에게 사랑의교회를 추천해 주셔서 거기서 세례도 받고, 요한이 유아 세례도 받고, 집사 되고 좋은 훈련과 교제 봉사를 통해 평신도로서 건강하고 행복하게 신앙생활 할 수 있게 하신 것 감사
45. 평생감사 노트를 선물해 주셔서 감사 훈련하면서 삶이 풍성해진 점 감사
46. 요한이에게 외할아버지로서 축복의 말들을 해 주신 점 감사
47. 어릴 때부터 방마다 전등 끄기, 밥알 남기지 않기, 광고지 뒷면 사용해 설교 준비하는 아빠를 보며 절약을 배워 감사
48. 동안을 오랫동안 간직하시고 속사람은 날로 새로워지시니 감사
49. 젊은 우리들의 의사를 존중해 주시고 의견을 물어봐 주시는 점 감사
50. 고맙다는 말을 자주 해 주셔서 기쁘고 감사

2014년 아빠 생신을 기념하며
큰딸 올림

백사장 모래알보다 많은 감사

현재 이 목사는 자신의 닉네임을 '감사 인생'으로 하고 '감사 마을 카페'를 운영하며 현역보다 더 왕성하게 열정적으로 감사 사역을 하고 있습니다. 재임 시절에는 가장 인기 없는 대통령이었던 카터 대통령이 퇴임 이후 가장 존경받는 대통령으로 평가받는 것처럼 이 목사 역시 은퇴 이후 가장 존경받는 감사 목사로 전국을 누비며 감사 사역을 펼치고 있습니다. 이 목사의 '감사 마을 카페'에는 날마다 천 명이 넘는 회원들이 그가 올리는 감사의 글로 하루를 시작하고 있습니다.

제가 이 목사를 처음 만난 것은 2010년으로 거슬러 올라갑니다. 상동마을도서관을 찾아가서 이 목사를 만났을 때 평생감사 노트를 이 목사에게 보여 주며 감사 일기를 소개했습니다. 그것이 인연이 되어 이 목사는 감사 일기를 쓰기 시작하여 지금까지 감사 일기를 쓰고 있습니다.

이 목사는 저의 책 『평생감사』, 『평생감사 실천편』, 『365일 날마다 감사』, 『평생감사 캘린더』 등 제가 쓴 감사 책들을 모조리 읽으며 감사의 사람으로 바뀌어 졌습니다. 저는 장난을 치며 이 목사를 저의 '감사 수제자'라고 주변 사람들에게 진담 반 농담 반으로 소개하곤 했습니다. 그러던 이 목사가 지금은 저를 부끄럽게 할 만큼 감사의 달인이 되어 '감사 인생'을 멋지게 살아가고 있습니다. 그의 빼곡히 적인 감사 노트나 100감사, 심지어 1,000감사는 주변 사람을 놀라게 할 만큼 감동을 주며 수많은 사람들에게 감사로 선한 영향력을 발휘하고 있습니다. 은퇴 이후 더 바쁜 활동을 하는 원로이신 이 목사가 한주도 거르지 않고 후배 목사들에게 일일이 안부 전화를 하며 챙깁니다.

"은퇴하니까 시간이 남아돈다. 시간 많은 사람이 바쁜 현역들에게 먼저 연락하는 게 당연하지! 적어도 일주일에 한 번씩은 목소리를 듣고 살아야지. 전 목사! 살아 있지요?"라고 하면서 항상 먼저 안부 전화를 합니다. 전화를 할 때마다 "감사하다, 행복하다, 전 목사 만난 것이 내 인생의 최고의 축복이야"라며 격려를 아끼지 않습니다.

한번은 부산 해운대의 한 교회에서 집회 중이었는데 이 목사에게 전화가 와서 해운대 백사장을 걷고 있는 중이라고 했더니 '해운대 백사장의 모래알만큼 많이 하나님께 감사하고 와요!'라고 하는데 '백사장 모래알보다 많은 감사'라는 멋진 표현에 얼마나 감동을 받았는지 모릅니다.

"이제 당신은 저의 '감사 수제자'가 아니라 '감사 스승'이고 저의 진정한 '감사 멘토'이십니다. 당신이야말로 진정한 감사 달인이십니다. 감사 멘토이신 이 목사님! 부디 오래오래 건강하게 사셔서 저의 감사 멘토가 되어 주시길 부탁드립니다. 사랑하고 존경하고 감사합니다."

사람들은 살아가면서
주는 것보다 훨씬 많이 받고 있다는 사실을
거의 깨닫지 못한다.
오직 감사만이 우리의 삶을 풍요롭게 할 수 있다.

_ 본회퍼

CHAPTER.18

—

감사를
표현하라

—

서종식

회지에서 하나님의 여러 축복들을 경험하면서 자연스럽게 감사에 눈 뜨는 계기가 되었습니다.

형통의 은혜

군목으로 전역한 최 목사는 광림교회 부목사로 초빙되었습니다. 특별할 것 없는 평범한 군목이 어떻게 광림교회에 초빙될 수 있었을까요? 물론 최 목사에게는 자신을 추천해 줄 만한 어떤 후견인도 없었습니다. 최 목사는 신학교를 다닐 때부터 김선도 목사를 평소 존경했고, 그분의 목회를 배우고 싶었습니다.

군목 제대할 무렵에 군인 교회를 건축했는데, 필요한 물품이 있어 광림교회를 찾아가 김선도 목사에게 요청을 드렸더니 기꺼이 지원해 주었고, 그것이 인연이 되어 광림교회에서 사역을 하게 되었습니다.

당시 최 목사는 제대하고 갈만한 사역지를 달라고 하나님께 100일 작정 기도를 하고 있었는데 기도 마지막 날 응답을 받았다고 합니다.

"김선도 목사님께서 '우리 교회에 와서 나를 좀 도와주면 어떻겠습니까?' 하시면서 부르시는 거였어요. 하나님의 정확하신 기도 응답에 너무 놀랐고 그저 '감사합니다'는 말씀 외에는 따로 할 말이 없었습니다."

최 목사는 기도 응답에 감사하며 목회를 시작했습니다. 그렇게 광림교회에서 부목사로서 5년 4개월을 섬긴 후 안산광림교회를 개척했습니다. 이 교회는 광림교회가 첫 번째로 개척한 교회로 비록 혼자서 시작했지만 예배당 건축을 지원받는 특별한 은혜를 누렸습니다.

그곳에서 최 목사는 놀라운 부흥의 은혜를 경험했습니다. 1987년부터 교회는 매년 430명+α로 성장했습니다. 물론 양적 성장만이 전부는 아니지만 성도들은 귀하게 자라났고 교회의 충성스러운 일꾼으로 세워지는 축복을 경험했습니다. 최 목사는 이런 형통의 은혜가 값없이 주어진 것이라는 사실에 그저 감사할 따름입니다. 자신이 무엇을 잘했거나 능력이 뛰어나서 이루어진 것이 아님을 알기 때문입니다. 그러니 최 목사로서는 하나님의 은혜라고 밖에는 설명이 불가능했습니다.

"하나님이 하시는 일은 정말 놀랍습니다. 신묘막측하게 이끄신 하나님의 은혜에 그저 감사할 뿐이지요! 그게 1987년 안산광림교회부터 종교교회 와서 목회를 하면서도 매년 430명+α로 성장시켜 주시는 은혜를 경험했으니 특별한 은혜라고 밖에는 달리 설명할 방법이 없습니다. 저는 하나님 앞에 가면 물어보고 싶습니다. 하나님, 왜 저에게 이런 기적 같은 은혜들을 경험하게 하셨는지요?"

연단의 은혜

그렇다고 최 목사의 이 말을 '그저 모든 것을 손 놓고 가만히 있는데도 저절로 다 잘 되었다'로 해석해서는 곤란합니다. 그 안을 들여다보면 결코 쉽지 않은 고난의 과정들이 숨어 있었기 때문입니다. 사실 최 목사는 안산에서 목회할 때 어려움을 많이 겪었습니다. 그래서 금식기도를 하고, 밤마다 강단에서 밤을 지새웠으며, 강단에서 기도하다 잠들다 곧바로 강단에서 새벽 기도를 인도한 날들도 수없이 많았습니다. 밖에서 보기에는 평탄하고 승승장구하는 것 같아 보였지만 내면적으로는 혹독한 시련의 시기를 보냈습니다.

그럼에도 불구하고 최 목사는 '감사할 것이 참 많았다'고 고백합니다. 견디기 어려운 시련을 통해 그 시련을 넘어서는 또 다른 은혜를 발견할 수 있었고 오히려 시련을 통해 더 단단한 감사를 경험하게 되었기 때문입니다. 최 목사는 그래서 어려운 일을 겪을 때는 그것을 인간적인 방법으로 풀려고 하면 안 된다고 말합니다.

"바닥까지 내려가는 어려움의 과정을 겪고 나니 많은 목회자들이 어려움을 당하는 것이 그 개인의 잘못으로만 나타나는 것이 아니라 하나님께서 더 단단하게 하시려는 연단이라는 것을 알게 되었어요. 그것을 깨달은 것만으로도 얼마나 감사한지 모릅니다. 그래서 목회자들의 어려움을 더 잘 이해할 수 있게 되었고, 긍휼의 마음을 갖게 되었고, 목회자의 눈물도 그때 비로소 알게 되었습니다."

바로 이것입니다. 시련 속에서도 감사할 수 있는 것은 시련을 통해 비로소 깨닫게 되는 하나님의 은혜가 있기 때문입니다.

감사는 모든 것이 다 잘 되었기 때문에 감사하는 것이 아니라 고난과 시련이 있기에 더 깊은 감사를 할 수 있는 것입니다. 고난과 시련을 딛고 그 이면에 흐르는 하나님의 은혜에 눈뜰 때 진정한 감사, 더 깊은 감사를 드릴 수 있습니다. 그래서 진정한 감사는 고난을 통과해야 진정한 감사가 될 수 있는 것입니다. 그리고 진정한 감사는 평범한 일상이 그 자체로 감사로 다가올 때 참다운 감사가 될 수 있습니다. 최 목사가 말하는 "삶 자체가 감사"라는 말은 바로 이런 맥락 속에서 이해될 수 있습니다.

감사, 은혜의 질서를 따르는 일

종교교회에서는 최근 자체적으로 감사 노트를 제작했습니다. 분기별로 쓸 수 있도록 총 네 권으로 만들었습니다. 한꺼번에 너무 많이 쓰면 교인들이 부담을 느낄까봐 하루에 세 가지만 쓰도록 했습니다.

"저희 교회는 추수감사주일을 매년 11월 첫째 주에 지키고 있는데, 많은 성도들이 감사 노트를 하나님 앞에 봉헌하여 올려드렸습니다. 이것 자체가 교회의 토양을 감사의 분위기로 만들고, 마음 밭을 감사의 토양으로 바꾸는 계기가 되었습니다. 저는 교우들에게 감사 일기를 날마다 쓰자고 했기 때문에 매일매일 꼬박꼬박 하루도 거르지 않고 감사 일기를 쓰고 있습니다. 저뿐만 아니라 교우들도 하루도 빼먹지 않고 꼬박꼬박 쓰신 분들이 꽤 많으셨더라고요."

최 목사는 현재 평생감사사역원 이사장으로 이 일을 위해 3년째 감사 사역을 지원하며 힘을 보태고 있습니다. 교회 또한 감사로 물들이며 감사 운동을 지속적으로 펼치고 있습니다. 화장실이나 식당, 사무실, 사람들이 모이는 공간에는 최 목사가 직접 붓글씨로 써 놓은 감사 성구들이 걸려 있고, 심방 때마다 직접 써서 선물하는 감사 성구는 교인들의 가정마다 걸려 있어 감사가 생활화되고 있습니다.

지난번 감사 모임이 있어 종교교회 화장실에 들렀다가 변기 앞마다 붙어 있는 최 목사가 직접 쓴 감사 성구들을 보고 감동해서 평생감사 홈페이지에 소개했던 적이 있고, 저 또한 최 목사가 정성껏 쓴 감사 성구를 선물 받아 감사 글방에 걸어 놓고 지인들에게 자랑하며 은혜를 받고 있습니다.

"기도를 계속하고 기도에 감사함으로 깨어 있으라"(골 4:2).

"여호와께 감사하라 그는 선하시며 그 인자하심이 영원함이로다" (시 136:1).

"또 무엇을 하든지 말에나 일에나 다 주 예수의 이름으로 하고 그를 힘입어 하나님 아버지께 감사하라"(골 3:17).

최 목사의 이런 감사의 습관은 하루아침에 이루어진 것이 아니라 오래전부터 감사 일기를 쓰는 습관에서 비롯되었습니다. 작은 감사의 습관이 최 목사 자신의 삶에도 많은 변화를 가져왔습니다. 그중 가장 대표적인 것이 감독 출마와 관련된 부분이었습니다. 최 목사는 한동안 교단 감독 출마를 놓고 기도를 많이 했습니다. 하지만 출마하지 않는 것으로 최종 결론 내렸습니다. 최 목사는 그 이유를 그의 비밀 노트인 감사 일기 속에 이렇게 메모를 남겼습니다.

첫째, 하나님이 베푸신 '은혜의 질서' 때문이다. 은혜의 질서는 '내가 계획하고 내가 노력하고 내가 앞서기 전에 주님이 모든 것을 다 하셨다'는 의미다. 가령 안산광림교회에서 왕십리교회, 그리고 다시 종교교회 담임으로 올 때 나는 이력서를 내며 지원하지도, 인맥을 동원하지도 않았다. 모든 것이 자연스럽게 하나님의 은혜로 이루어졌다. 하지만 감독으로 출마를 하면 이것은 내가 앞에 나서 나 자신을 알려야 하고 나를 찍어 달라고 선거 운동을 해야 하는 일이다. 아무리 생각해 봐도 이것은 그동안 내가 경험해 온 은혜의 질서를 깨는 일이다. 하나님은 내가 앞장서 내 의지로 뭔가를 성취해 보겠다고 노력하는 것이 은혜의 질서를 깨는 일임을 깨닫게 하셨다. 참으로 감사하다.

둘째, 교단 지도자도 중요하지만 나를 부르신 목회지, 종교교회가 더 중요하다고 생각되었다. 목회를 한다는 것은 그 자체로 너무 큰 하나님의 은혜이다. 따라서 목회에 집중하는 것이 더 옳다고 생각한다. 참으로 감사한다.

셋째, 국가인권위원으로 활동하게 되었다. 이 일은 결코 작은 일이 아니다. 이 일을 놓고 하나님의 뜻이 감독직을 포기하는데 있는 것인지 아니면 출마의 발판으로 삼으라는 것인지를 놓고 기도를 했는데 '감독 출마를 포기하라'는 메시지로 받아들였다. 참으로 감사하다.

최 목사의 감독직 출마 포기는 결코 쉬운 결정이 아니었을 것입니다. 그의 감독직 출마 포기는 감리 교단뿐만 아니라 기독교 교단 전체에도 신선한 충격과 감동을 주었습니다. 종교교회 교인들은 물론 최 목사의 교회를 위하는 결정에 아낌없는 지지를 보내는 것은 당연한 일이었습니다. 최 목사가 종교교회에 집중할 수 있기 때문입니다.

　최 목사가 부임한 이후 종교교회는 많은 변화를 경험하고 있습니다. 무엇보다도 감사를 회복함으로써 교인들이 활력을 얻고, 그것은 교회의 영적인 부흥과 성장으로 연결되고 있습니다. 특히 고무적인 것은 청년의 숫자가 기하급수적으로 늘어나 장년층들에게까지 새 힘과 활력을 불어 넣어 주고 있다는 사실입니다. 한국 교회가 전반적으로 노령화되고 침체하여가는 현실 속에서 젊은 청년들과 장년들이 늘고 교회가 성장한다는 것은 참으로 희망적인 조짐입니다. 최 목사의 목회가 꽃을 피우고 풍성한 열매를 맺는 이유가 하나님께서 기뻐하시는 작은 감사에 뿌리를 두고 있기 때문이 아닐까요?

> 우리가 평생 '감사합니다'라는 기도만 해도
> 그것으로 충분하다.
> _ 마이스터 에카르트

THANKS
감사가 내 인생의 답이다

PART. 04

감사를 통한
아름다운 마무리

CHAPTER. 16

—

특별한
감사패

—

윤인찬

에벤에셀교회 윤인찬 목사의 '특별한 감사패' 이야기는 교회를 개척한 많은 목회자들과 성도들에게 잔잔한 감동을 전해 주고 있습니다.

윤 목사는 2003년 교회를 개척하고 대다수의 개척 교회처럼 일꾼 부족과 재정적인 어려움, 함께 예배드릴 성도가 없는 아픔을 겪었습니다. 가장 믿었던 가정마저 훌쩍 떠나버렸을 때의 그 허탈함이란 이루 말로 표현할 수 없을 만큼 큰 상처였습니다. 결국 개척 3년 만에 모든 가정이 떠나고 나도애 할머니 한 사람만 남았습니다. 윤 목사는 지칠 대로 지쳐 있었고, 마음의 상처와 좌절로 교회 문을 닫고 싶은 마음뿐이었습니다.

'할머니만 안 나오시면 당장 목회를 그만두어야지!'

부끄럽지만 윤 목사는 주일마다 이 생각을 몇 번씩 되뇌었다고 합니다. 그렇다고 할머니를 그만 나오라고 할 수도 없는 노릇이었습니다. 더군다나 그 할머니의 한쪽 손은 중풍으로 마비되어 있었고, 귀가 어두워 말씀도 잘 듣지 못했습니다.

매 주일 비가 오나 눈이 오나 궂은 날씨에도 교회를 출석하는 나도애 할머니 때문에 목회를 그만두지 못하고 한 주, 한 주 버티길 3년, 하나님은 윤 목사의 마음에 한 영혼이 천하보다 소중하다는 사실을 일깨워 주셨고, 그렇게 3년의 연단 기간이 끝나자 하나님께서는 차츰 성도들을 보내 주시기 시작하셨습니다.

그 후 2009년 2월에는 하나님께서 새로운 예배당도 허락해 주셨습니다. 확장 이전 감사 예배를 드리던 날, 가장 기억에 남는 사람은 헌금을 많이 한 사람도, 전도를 많이 한 사람도 아닌, 바로 나도애 할머니였습니다.

오늘이 있도록 불편한 몸을 이끌고 예배당 빈자리를 지켜 주신 나도애 할머니께 감사의 마음을 꼭 전달하고 싶었습니다. 왜냐하면 그분은 윤 목사의 현재가 있도록 만들어 준 보이지 않는 든든한 끈이었기 때문입니다. 한 주, 한 주 그분으로 인해 나약한 마음, 좌절하고 낙심하고 포기하는 마음을 이겨낼 수 있었습니다. 그분은 윤 목사의 목회 내공을 훈련시켜 주신 말 없는 조력자였습니다. 그래서 새로운 예배당 감사 예배를 드리면서 나도애 할머니에게 '특별한 감사패'를 전달하는 시간을 가졌습니다.

"나도애 할머니의 작은 발걸음이 오늘의 저를 있게 했고, 오늘의 에벤에셀교회가 있게 하였습니다. 몸이 불편해서 걸을 힘도 없고, 성경 지식도 없고, 가진 것도 없는 할머니의 그 기도가 저를 일으켜 세웠고, 에벤에셀교회를 세웠습니다. 매 주일 빠지지 않고 출석해 주셔서 감사합니다. 적은 액수지만 주일마다 헌금해 주셔서 감사합니다. 매 주일 반찬이 없어도 맛있게 식사해 주셔서 감사합니다. 화내지 않는 부드러운 성품에 감사합니다.

만날 때마다 밝은 표정으로 웃어 주셔서 감사합니다. 교회 나오실 때마다 깨끗한 신발과 옷을 입고 오셔서 감사합니다. 작은 것을 받으셔도 고마워하시니 감사합니다. 우리 가정만 예배드리지 않도록 끝까지 자리 지켜 주셔서 감사합니다. 에벤에셀교회 8년의 역사 속에서 우리 부부가 쓰러지지 않고 낙심하지 않도록 마지막까지 남아 힘을 북돋아 주신, 가장 복되고 귀하신 나도애 할머니! 진심으로 감사하고 또 감사합니다."

나도애 할머니는 에벤에셀교회를 위해 끝까지 기도하다 2011년 세상을 떠나셨고, 현재 윤 목사가 목회하는 에벤에셀교회는 전교인 120명이 출석하는 작지만 든든한 교회, 감사로 소문난 아름다운 공동체를 이루고 있습니다.

비록 걷지 못하고, 말도 어눌하고, 제대로 듣지도 못하는 나약한 할은 이루 말로 다 할 수 없었지만 신앙을 꿋꿋이 지켰으며 감사의 마음으로 옥고를 치르다가 결국 순교를 당했습니다.

이로써 그의 인생은 자식 앞에 부끄럽지 않은 아버지로 이 땅의 모든 그리스도인에게 사랑과 감사의 모범을 보여 준 영적인 참스승으로 영원히 남게 되었습니다.

〈손양원 목사님의 옥중 편지〉

무기 구금 형을 선고 받고 3개월이 지난 후 가족들에게 다음과 같은 편지를 썼습니다.

"하루라도 일찍이 가는 것(순교)이 자유할 것 같으나 오히려 여기(옥중)에서 배울 점도 있어서 범사에 감사한다."

1943년 5월 20일

진정한 감사

저는 손 목사의 오래된 설교 모음집을 보고 그분이야말로 진정한 감사가 무엇인지 깨달은 사람이고 평소에 작은 감사를 생활화하셨던 그분이 어려운 일을 겪고서도 큰 감사를 하셨던 것을 알게 되었습니다. 그리고 그분의 설교 모음집 첫 장을 읽고 받은 충격을 지금도 잊지 못하고 있습니다. 설교 모음집 안에는 감사하라는 내용의 글들이 가득

차 있었습니다. 설교의 대상은 주로 나환자들이었습니다. 그들을 향해서 감사할 것을 말씀하였습니다.

인간적인 눈으로 볼 때 나환자들이 과연 감사할 수 있는 것들이 얼마나 있을까요. 그분들을 향해 쏟아낸 감사들은 제 마음에 진한 감동과 작은 감사의 소중함을 다시 한 번 일깨워 주었습니다.

거창한 감사를 말했다면 감동 받지 않았을 것입니다. 그의 감사는 너무 작고 너무 평범했고, 아니 너무 사소한 것이라 오히려 감동을 주었습니다.

1. 물 마시면서 감사하라.
2. 숨 쉬면서 감사하라.
3. 햇빛 주신 은혜를 감사하라.
4. 옥토를 주신 은혜에 감사하라.
5. 죽을 죄에서 살려 주신 은혜에 감사하라.
6. 지금까지 생명을 연장시켜 주신 은혜에 감사하라.
7. 영원한 생명의 나라를 보장해 주신 것을 감사하라.

물 마시고 숨 쉬는 일은 너무나 당연하게 여기기 때문에 우리는 감사를 잘 안합니다. 햇빛 옥토 모두 당연하게 여기는 것들입니다. 우리가 잊고 있어서 그렇지 물, 공기, 햇빛, 옥토와 같은 것들, 용서, 구원, 천국은 우리에게 꼭 필요하면서도 우리의 노력으로 얻을 수 있는 것들이 아닙니다. 모두가 하나님이 주셨고, 하나님의 선물입니다. 우리의 육체적인 필요, 영적인 필요 모두를 하나님이 선물로 채워 주셨기 때문에 우리는 주신 복을 헤아리면서 감사를 잊어서는 안 된다는 것입니다. 감사는 축복을 받는 그릇이고 감사의 그릇을 넓힐 때 모든 것이 감사로 채워진다는 손양원 목사의 가난하고 애절한 감사가 사도 바울의 가시 감사처럼 제 마음을 울립니다.

> 감사는 축복을 부르는 호출 신호이다.
> 감사하면 축복이 사방에서 몰려온다.
> _평생감사

THANKS
감사가 내 인생의 답이다

독자와 나눈
감사 이야기

독자 1

저는 호주 시드니에서 아내와 세 딸과 같이 하나님의 사랑을 받으면서 살고 있는 곽○○입니다. 오늘 목사님께서 쓰신 『평생감사』를 읽었습니다. 책을 읽는 동안 잔잔한 행복이 밀려 왔습니다. 다 읽고 나서 『평생감사』라는 책을 쓰신 분께 참 감사하네' 혼잣말을 하면서 표지의 안쪽을 보니 목사님의 이메일 주소가 있었습니다.

갑자기 제 마음에 사랑도 표현하지 않으면 사랑이 아니듯 감사도 표현을 해야 감사가 될 것 같아 마음속에 품은 감사의 마음을 메일로 보냅니다.

한 가지 부탁 드릴 것은 필립 얀시처럼 기독교인들을 위한 좋은 신앙의 글을 쓰시는 동시에 법정 스님의 글처럼 일반인들에게도 종교에 대한 거부감을 가지지 않고 읽을 수 있는 책도 주님의 지혜로 써 주셨으면 합니다.

독자 2

저는 초등학생 김○○인데요.

목사님이 쓰신 『평생감사』책을 읽고 감사가 무엇인지, 얼마나 중요한지 알게 되었어요. 그리고 이제 감사를 하며 살아야겠다는 다짐이

생겼어요.

이런 책 써 주셔서 정말 감사합니다.

안녕히 계세요.

방금 전 『평생감사』를 다 읽고 이렇게 감사의 메일을 드립니다.

독자 3

저는 호주 시드니에 살고 있는 최○○입니다. 한 아이의 엄마로, 아내로, 교회의 지휘자로 섬기면서 평범하게 살아가는 30대 중반의 여성입니다. 책을 읽으면서 크고 작은 모든 일에 감사하는 마음을 가져야겠다는 생각을 했습니다.

우리 아이가 내년에 highschool에 가게 되는데, 얼마 전 selective school test(명문고 시험)에서 떨어졌습니다. 기대한 만큼 실망도 크고 많이 섭섭했지만, 『평생 감사』 책을 읽으면서 눈물을 흘리며 감사했습니다. 지금은 비록 속상하지만, 더 좋은 길로 인도하실 하나님을 기대하며 감사하게 되었습니다.

섭섭하고 속상한 시간 속에서도 목사님의 책을 읽게 해 주시고 책을 통해 위로와 평안 그리고 감사를 깨닫게 해 주신 하나님께 감사드리며, 독자의 한 사람으로서 저자이신 목사님께 진심으로 감사드립니다. '감사글방'에도 주님의 축복이 함께 하시길.

독자 4

저는 미국 애틀란타에 사는 두 아이의 엄마이자 사랑하는 남편의 아내로 살고 있는 고○○입니다. 저는 지금은 백혈병으로 치료 중에 있고, 골수 이식을 위해 제게 맞는 골수를 기다리고 있습니다.

우연히 병문안을 왔던 언니가 건네 준 『평생감사』를 읽고, 이 벅찬 마음을 달래고 잠을 청할 수가 없어서 처음으로 이런 메일을 써 봅니다.

작년에 백혈병으로 몇 차례 항암 치료를 받고 다 나았다는 의사의 말에 한참 행복해 있다가 다시 재발했다는 결과를 듣고 두려움에 참 많이 힘들었습니다. 많이 울었지요. 어린아이들에게 미안하고, 지극 정성으로 간호해 줬던 남편에게 너무 미안해서요.

그래도 옆에서 나보다 마음으로 더 힘들어 하는 식구들, 친구들, 교회 분들을 위해 씩씩하게 잘 견디는 모습을 보여 주기 위해 나름 노력했습니다. 그러면서 이 시련의 시간들이 하나님을 만나는 특별한 시간이 되게 해 달라고 깊이 기도하며 지내는 중에 『평생감사』를 읽으면서 몇 번이나 내 마음속에서 뜨거운 성령을 느꼈는지요. 글재주나 표현력이 부족한 저로서는 감히 이 감동을 표현할 길이 없습니다.

그저 모든 것이, 지금 제가 처해 있는 이 현실까지도 감사해서 눈물만 날 뿐입니다. 더불어 이 감사가 저에게는 또 하나의 희망으로 느껴져 마음을 들뜨게 하는군요. 목사님, 많이 많이 감사합니다. 이런 감동의 책을 읽게 해 주셔서요.

저보다 더 힘든 분들도 이 책을 통해 큰 힘이 되기를 기도하면서 이만 어수선한 글을 줄일까 합니다. 하나님이 허락하시는 날까지 감사의 마음으로 살아갈 수 있게 해 주셔서 참으로 감사합니다.

독자 5

저는 캐나다에 살고 있는 ○○조입니다.

친하게 지내는 집사님께서 권해 주신『평생감사』라는 책을 읽었습니다. 참으로 은혜롭게 읽었기에 이렇게 북한산 자락 감사 글방에 계시는 목사님을 그려 보며 감사의 메일 보냅니다.

늘 잊고 지냈던 감사, 알고 있으면서도 감사하지 못했던 것들을 깨닫게 하시고 그것을 다시금 삶에 적용하도록 지혜를 준『평생감사』책에 감사할 뿐입니다. 특히나 이곳 밴쿠버의 삶은 날씨도 그렇고 여러 가지로 지루함이 많은 일상이었는데 이 평범한 일상을 다시 감사하게 되었어요. 오늘도 최고의 감사로 주님께 감사하게 됩니다.

이 책을 읽으며 은혜 받은 감사의 내용을 신앙 노트에 적어 놓았습니다. 날마다 보며 감사 생활을 실천하려고요.

감사할 수 있는 책을 내어 주셔서 감사합니다.

두 살배기 딸아이가 감기 몸살이 있어 보채는 데도 이것도 감사로 바뀌어졌답니다. 이 몸살로 인해 더욱 성숙한 아이가 될 것이기에.

_ 밴쿠버에서 감사함이 넘치는 ○○조 드림.

독자 6

행복의 문을 여는 열쇠 『평생감사』를 잘 읽었습니다.

수많은 사람들이 목사님에게 여러 가지 이유로 메일을 보내겠지요. 그러하더라도 저의 메일을 꼭 읽어 주시면 감사하겠습니다.

저는 미국 Atlanta, Georgia에 사는 이○○입니다. 1973년 11월에 아내와 두 딸을 데리고 이민 왔지요. 한국에 있을 때 영어 교사였습니다. 그리고 아내는 기독 병원에서 간호사였구요. 아이들은 네 살, 두 살 때 이민 왔지요.

이민 와서 아내는 간호사로 일했고 저는 5년 후 Atlanta Public School 교사가 되었습니다. 30년을 가르친 후에 은퇴했지요. 자녀들도 결혼해서 손자손녀들도 두고 있습니다. 남들은 우리 가정을 부러워하지만 저는 한 번도 평탄한 이민 생활에 대해서 하나님께 진지하게 감사 하지 못했습니다. 오히려 불평불만을 많이 했지요. 그것도 장로라는 사람이 말입니다. 필요할 때는 아버지가 목사이고, 형님도 목사라며 은근히 자랑했지만, 교회에서는 목사님께도 마치 운동화 속의 모래알과 같은 껄끄러운 존재였습니다.

  지난 주일 성경공부반에서 『평생감사』라는 책을 선물로 받았습니다. 교회에서 감사, 사랑, 은혜, 용서 등의 말을 하도 많이 들어서 그렇고 그런 책이려니 생각했습니다. 그러나 "이 책을 읽고 독후감을 쓰라"고 했기에 어쩔 수 없이 읽어 보았습니다.

  그런데 첫 페이지부터 저의 마음을 사로잡았습니다. 처음으로 감사가 무엇인지 깨닫게 되었습니다. 알게 되는 것에서 끝난 것이 아니고 감사하기 시작했습니다. 부끄럽지만 제 나이 75세에 철이 들기 시작한 것입니다. 목사님의 책에서 생명력이 느껴졌습니다. 저의 생활 속에 감사할 조건들이 수없이 많이 깔려 있었는데도 그것을 깨닫지 못하고 있었는데 목사님이 저의 마음의 눈을 뜨게 해 주셨습니다. 목사님 감사합니다.

  May God be with you and bless you and your family, and your works for the Lord throughout your daily life.

독자 7

먼저 은혜로운 글을 통해 제게 위로와 평안을 주심에 감사드립니다.

저는 올해 5월 25일 ＊＊＊ 체험 학습 사고로 하나님 품으로 간 다섯 아이 중 하나인 김ㅇㅇ엄마입니다.

그 악몽 같은 날 이후 저와 ㅇㅇ아빠는 세상의 모든 것을 잃어버린 것 같은 비통함에 주저앉은 채 일어설 줄을 모르고 있습니다.

저는 그날 이후 모든 사람들과의 접촉을 끊고 석 달째 바깥 출입을 못하고 어둠 속을 헤매고 있습니다. 이젠 지쳐서 하나님을 원망할 기력조차 없을 때 『평생감사』라는 책을 읽었습니다. 석 달 동안 저는 인터넷을 통해 고통에 관한 서적을 닥치는 대로 주문하여 수십 권을 읽었습니다. 왜 내게 이런 저주가 내려졌는지, 과연 고통 뒤에 함께 하시는 하나님의 뜻은 무엇인지 알고 싶었습니다. 어떤 때는 이해되다가 금방 또 맘이 바뀌어 그래도 이럴 수는 없는 거라고 통곡하고 하나님을 원망하며 지옥 같은 석 달을 보냈습니다.

이제 겨우 열네 살인 우리 아들, 너무 착하고 순해서 안쓰럽기까지 했던 고운 내 아들, 그늘진 내 삶에 위로와 기쁨이었던 축복의 내 아들, 세상이 너무 즐거워 항상 깔깔거리며 행복해 했던 사랑스러운 내 아들, 그런 아들을 데려 가시다니요. 너무하신 것 아닙니까? 목숨만은 살려 주셨어야지요.

고통에 관한 책들을 읽으며 가장 많이 접했던 글은 이 세상에 저의 소유는 하나도 없으며, 다 하나님으로부터 온 것이며, 그래서 하나님께서 다시 거두어 가신 것이니 소유에 대한 마음을 내려놓고 그 고통 뒤에 예비하신 하나님의 섭리를 믿으라는 거였습니다.

신앙인으로서는 이해되는 말이기도 했습니다. 그러나 그 글을 쓰신 많은 분들께 묻고 싶었습니다. 당신의 어린 자식을 그리 허망하고 비참하게 거둬 가셨대도 그런 글을 쓰실 수 있었겠냐고요. 자식을 잃은 부모의 마음을 당신들은 아시고 그러한 글들을 쓰셨냐고요. 당신이 겪은 고통들은 그래도 감사가 어느 정도 나올 수 있을 만큼의 고통은 아니었냐고요. 그런 글들에 공감은 하면서도 왠지 모를 빈정거림이 솟구쳤습니다.

그리고 오늘 목사님의 『평생감사』를 읽었습니다. 그리고 회개했습니다. ○○이를 데려 가신 일이 저주가 아니라 불평하고 감사하지 못하며 살았던 지나온 제 인생 자체가 저주였음을 뼈저리게 깨달았습니다.

스물아홉 개의 감사가 모두 가슴에 와 닿아 가슴 저렸지만 '특별한 헌금봉투'라는 열입곱 번째 감사를 읽고 통곡하며 울었습니다. 두 아들의 순교 앞에 그렇게 고귀한 감사를 드렸던 손양원 목사님의 감사에 울며 회개했습니다.

좋은 책을 써 주신 분들에게 고통이 작아서 그런 여유로운 말씀들을 쓰실 수 있는 거라며 빈정거렸던 제 마음을 회개하고 또 회개했습니다. 고통에 짓눌려 하루에도 수십 번씩 변덕을 부리는 제 마음이라 오늘의 회개가, 그리고 글을 읽으며 전해졌던 위로와 평안이 내일은 다시 소멸될지도 모르겠습니다. 하지만 오늘은 제가 살아오면서 감사해야 할 수백 가지를 기억하게 하심에 그저 감사할 따름입니다.

『평생감사』라는 책을 저술하신 목사님께 감사드리며 이 책을 제 손에 들려 주신 하나님께 감사드립니다. 이 책이 고통 가운데 주저앉아 버린 제 삶에 디딤돌이 되기를 소망합니다. 그리고 저와 같은 아픔을 당한 사람들에게 위로가 되기를 원합니다.

오늘 받았던 은혜와 수많은 감사들을 내일도, 모레도, 아니 평생 기억하면서 주님의 은혜 가운데 이 고통의 터널을 조금씩 빠져 나갈 수 있기를 기도해 봅니다. 다시 한 번 좋은 글로 아픈 제 마음을 위로하고 어루만지셨음을 감사드리며, 기도 중이라도 혹시 ○○이가 생각이 나시면 그리고 함께 천국 길을 동행한 네 명의 어린 천사들을 위해서도 기도해 주시면 감사하겠습니다.

목사님께서 하시는 모든 일에 하나님의 능력과 축복이 함께하기를 진심으로 기도드립니다.

감사합니다. 아주 많이 감사드립니다.

〈답장〉

천사의 어머님!

먼저 답 메일이 늦어서 죄송합니다.

지방에 다녀서 어제 올라왔고, 올라와서는 몸이 많이 불편해서 하루 종일 누워 있었고, 오늘은 주일 예배 관계로 아침 일찍 나갔다가 저녁이 되어 돌아와서 답 메일을 보냅니다.

빨리 메일을 보내지 못해 정말 죄송합니다. 사실 어머님의 메일을 받고 많은 생각을 했습니다. 어머님의 마음이 얼마나 아팠을까. 어떤 말로 위로해야 할까. 입장을 바꾸어서 내가 ○○어머님이 당하신 그런 일을 당했다면 그래도 감사할 수 있었을까. 솔직히 저 역시 어머님처럼 오랜 시간 아파하고 괴로워 했으리라 생각합니다.

저 또한 서서히, 아주 서서히 아픈 상처를 씻어내며 하나님의 뜻을 물었을 것이고, 그래도 저 역시 하나님을 원망했으리라 생각합니다. 목사이기 이전에 나약한 인간이기에 저 또한 어머님과 조금도 다르지 않았으리라 생각됩니다. 아무튼 어머님께서 제 글을 읽으시고 조금이라도 위로를 받으셨다니 글을 쓴 작가로서 그저 하나님께 감사를 드릴 따름입니다.

사실 제 주변에는 욥이나, 손양원 목사님과 같은 고난을 당하신 분이 계십니다. 남편이 군인이셨는데 계급이 대령이었습니다. 그런데 암이 걸려서 오랜 기간 투병 생활을 하시다 세상을 떠나셨습니다. 남편이 암으로 투병하는 기간 동안 말로 다할 수 없는 고통을 겪으셨습니다.

그리고 마음을 추스를 겨를도 없이 얼마 있지 않아 교대를 다니는 딸이 교생 실습을 가다가 성수대교 붕괴 사고로 어이없이 딸아이를 잃는 가슴 아픈 일을 또 당하셨습니다. 성수대교가 무너져 딸아이가 죽을 것이라고는 상상도 할 수 없는 일이었습니다. 더군다나 그 딸아이는 그 누구보다도 사랑스런 딸이었고, 하나님을 믿는 일에도 가장 모범적인 딸이었습니다.

항상 어머님 옆에서 기쁨이 되던 딸이었습니다. 그런데 그 딸아이를 하나님이 데려 가셨습니다. 그리고 또 얼마 있지 않아 하나 남은 아들마저 교통사고를 당해 고대 병원에 입원하는 끔찍한 일을 겪게 되었습니다. 아들을 제가 가르쳤기 때문에 아들 병원에도 찾아갔고, 남편 장례식도 찾아갔고, 딸아이 장례식도 참여해서 슬픔을 같이 나누었습니다.

너무 가슴 아픈 일들을 반복적으로 맞이하는 여 집사님을 어떻게 위로해야 될지 몰라 저 또한 망연자실 했던 일을 지금도 기억하고 있습니다. 물론 한꺼번에 당한 이런 끔찍한 경험은 저의 사역 경험으로도 그렇고, 대부분의 사람들이 감당하기에는 흔치 않는 일일 것입니다.

결론부터 말씀드리면 현재 그분은 욥과 같은 고난을 당했지만 그 모든 아픔을 딛고 일어나 다른 사람들을 돕는 훌륭한 사역자가 되어 있습니다. 딸아이를 위해 나온 보상금은 딸아이의 이름으로 장학 재단을 만들었고, 그 후에 본인은 신학을 공부해서 어려운 사람들을 돕는 위로의 사람, 전도사님이 되었답니다.

　우리 주변에는 큰 아픔을 당한 사람들이 종종 있는데, 평범한 사람들이 위로를 하면 위로를 잘 받지 못합니다. 그런데 이 분이 한 마디 하시면 어느 정도의 아픔은 그야말로 별거 아닌 것으로 되는 것을 보며 고난을 통과한 사람의 힘을 경험했습니다.

　모든 사람이 그렇게 될 수는 없겠지만 ㅇㅇ이 어머님도 아픔을 딛고 다른 사람을 돕는 위로의 사람으로 세워질 것을 믿어 봅니다. 고난 속에서, 아픔 속에서 감사하기가 쉽지 않겠지만 사도 바울이 자신을 찌르는 가시를 감사했듯이 아플 때 가시를 감사하는 것은 형통할 때 100번 장미꽃을 감사하는 것보다 하나님께서 더 귀하게 여기시리라 믿습니다.

　이제 감사를 시작하신 어머님께서 ㅇㅇ이 몫까지 두 배로 감사하며 더 멋진 인생을 설계해 보시길 바랍니다. 먼저 하나님 나라에 간 ㅇㅇ이도 그러길 바랄 것입니다. 진정한 감사는 고난을 통과한 감사라고 했는데, 이제부터 어머니가 드리는 감사는 한 차원 높은 감사 인생이 되리라 여겨집니다.

부디 하나님의 깊은 뜻을 헤아리시고 남은 인생을 감사로 물들이는 아름다운 삶이 되시길 진심으로 기도하겠습니다.

사랑과 감사를 전하며.
평생감사 전광 목사 드림.

T H A N K S
감사가 내 인생의 답이다

독자 여러분께 감사합니다

천사의 어머니로부터 답 메일을 받았습니다. 짧게 설명하면 메일에 적혀 있는 전광 목사라는 이름만을 보고도 너무 큰 감동을 받았고, 큰 위로가 되었다고 하시면서 이제 더 이상 메일은 보내지 않아도 충분하다고 하셨고, 그리고 현재 본인은 날마다 5감사를 쓰고 있고, 아들 ○○이가 소원했던 대로 어려운 사람들을 돕는 '위로의 사역자'로 쓰임받기 위해 준비 중이라는 메일을 보내 왔습니다. 메일을 받고서 제 마음에 얼마나 위로와 감사가 넘쳤던지요. 지금도 그 순간을 떠올리면 가슴에 짜릿한 전율이 느껴지고 글 쓰는 사람으로서 보람과 행복을 맛보게 됩니다.

그동안 『평생감사』 책을 통해 독자 분들과 나눈 메일의 분량을 정리하면서 책 한 권이 넘는 것을 보고 저 자신도 놀라움을 금치 못했습니다. 좋은 메일 내용들이 많았는데 지면 관계상 많이 싣지 못한 것을 못내 아쉽게 생각합니다. 한 편 한 편 메일 속에 담긴 사랑과 감사와 아픔과 슬픈 추억들이 아련히 떠올라 제 마음을 애틋하면서도 감사하게 그리고 슬프면서도 행복하게 만들어 주었습니다.

『평생감사』 책을 읽고, 본인들의 진솔한 감사 이야기를 보내 주어, 감사가 감사를 낳는 마중물이 되어 주신 모두에게 사랑을 담아 진심으로 감사드립니다.

사명선언문

너희가 흠이 없고 순전하여……세상에서 그들 가운데 빛들로
나타내며 생명의 말씀을 밝혀 _ 빌 2:15-16

1. 생명을 담겠습니다
만드는 책에 주님 주신 생명을 담겠습니다.
그 책으로 복음을 선포하겠습니다.

2. 말씀을 밝히겠습니다
생명의 근본은 말씀입니다.
말씀을 밝혀 성도와 교회의 성장을 돕겠습니다.

3. 빛이 되겠습니다
시대와 영혼의 어두움을 밝혀 주님 앞으로 이끄는
빛이 되는 책을 만들겠습니다.

4. 순전히 행하겠습니다
책을 만들고 전하는 일과 경영하는 일에 부끄러움이 없는
정직함으로 행하겠습니다.

5. 끝까지 전파하겠습니다
모든 사람에게, 땅 끝까지, 주님 오시는 그날까지
복음을 전하는 사명을 다하겠습니다.

서점 안내

광화문점 서울시 종로구 새문안로 69 구세군회관 1층
02)737-2288(T) 02)737-4623(F)

강남점 서울시 서초구 신반포로 177 반포쇼핑타운 3동 2층
02)595-1211(T) 02)595-3549(F)

구로점 서울시 구로구 시흥대로 577 3층
02)858-8744(T) 02)838-0653(F)

노원점 서울시 노원구 동일로 1366 삼봉빌딩 지하 1층
02)938-7979(T) 02)3391-6169(F)

분당점 경기도 성남시 분당구 황새울로 315 대현빌딩 3층
031)707-5566(T) 031)707-4999(F)

신촌점 서울시 마포구 서강로 144 동인빌딩 8층
02)702-1411(T) 02)702-1131(F)

일산점 경기도 고양시 일산서구 중앙로 1391 레이크타운 지하 1층
031)916-8787(T) 031)916-8788(F)

의정부점 경기도 의정부시 청사로47번길 12 성산타워 3층
031)845-0600(T) 031)852-6930(F)

인터넷서점 www.lifebook.co.kr